ÉDITORIAL

OCTOBRE 2023

Benoît Gschwind
prêtre assomptionniste

En mission !

Marqué par la Semaine missionnaire mondiale, le m[illegible] octobre s'ouvre avec la fête de sainte Thérèse de Lisieux, patronne des missions. Le pape François a souvent rappelé sa proximité spirituelle avec la « Petite Thérèse », dont il se dit « l'ami ». Dans une des églises de la paroisse dont je suis curé, j'ai tous les jours sous les yeux de magnifiques vitraux qui racontent la vie de cette sainte dont nous fêtons le 150e anniversaire de la naissance : sa vie en famille, sa première communion, son entrée au couvent, l'apparition de Notre Dame du Sourire. Des vitraux qui donnent aussi à découvrir des paroles de Thérèse et sa profonde aspiration à être missionnaire. Toute sa vie, elle aura le souci que l'Évangile soit porté aux quatre coins du monde. Thérèse aime dire son attachement quotidien à la parole de Dieu : « C'est par-dessus tout l'Évangile qui m'entretient dans mes oraisons; en lui je trouve tout ce qui m'est nécessaire. » Toute la vie de sainte Thérèse de Lisieux nous encourage à mettre chaque jour la parole de Dieu au cœur de notre vie, et à l'annoncer ! ■

« C'est par-dessus tout l'Évangile qui m'entretient dans mes oraisons », disait sainte Thérèse.

Annonce

ŒUVRES PONTIFICALES MISSIONNAIRES

OPM FRANCE

Soutenir la Mission universelle de l'Église

La quête de la Journée missionnaire mondiale exprime la communion de l'Église entière pour venir en aide aux diocèses les plus démunis. C'est le dimanche 22 octobre, et chaque baptisé est concerné !

Les Œuvres pontificales missionnaires (OPM) sont nées à Lyon en 1822, à l'initiative de la bienheureuse Pauline Jaricot, une laïque désireuse de soutenir l'annonce de l'Évangile au monde par la prière et l'offrande. Présentes aujourd'hui dans 140 pays, les OPM contribuent à la vie pastorale et collectent des fonds au profit des diocèses les plus démunis d'Afrique, d'Asie, d'Amérique latine et d'Océanie. Instaurée par le pape en 1926, la quête « impérée » de la Journée missionnaire mondiale (l'avant-dernier dimanche d'octobre) est reversée au Fonds universel de solidarité des OPM. Outil de justice et de fraternité entre les 3 000 diocèses catholiques du monde, ce fonds vient en aide à 1 300 d'entre eux, équitablement : soutien des services diocésains, constructions d'églises et bâtiments paroissiaux, financement des séminaires et noviciats, formation des

DR

religieux et catéchistes, actions éducatives, sanitaires et sociales que, bien souvent, seule l'Église locale peut ouvrir à tous.
La quête d'octobre est universelle : de chaque communauté selon ses possibilités à chaque communauté selon ses nécessités, dans l'esprit des Actes des Apôtres. Les OPM soutiennent la Mission dans tous les diocèses du monde qui en ont besoin, y compris ceux qui ne bénéficient d'aucune autre aide. En France, la quête mondiale clôt la Semaine missionnaire mondiale, pendant laquelle il est donné aux paroisses de vivre pleinement la Mission, notamment par la prière.
La Mission reçue du Christ est portée par tous les baptisés. Nous sommes tous coresponsables de la Mission universelle. Avec les OPM, nous sommes tous appelés à agir partout, avec le Christ.

Chaque année, l'Église s'agrandit de 15 millions de baptisés et 10 diocèses.
Les OPM accompagnent cette croissance à travers 5 000 projets financés.
Un tiers des besoins ne sont pas couverts : nous faisons appel à votre générosité.

Œuvres pontificales missionnaires – 12, rue Sala 69287 Lyon cedex 02.
Tél. : 04 72 56 99 50 – contact@opm-france.org – www.opm-france.org

Annonce

PRIER AVEC LE SAINT-PÈRE

Intention universelle du mois d'octobre 2023

Prions pour l'Église, afin qu'elle adopte l'écoute et le dialogue comme style de vie à tous les niveaux, en se laissant guider par l'Esprit Saint vers les périphéries du monde.

Pour vous aider à prier :
www.prieraucoeurdumonde.net

SAINTS ET SAINTES DU MOIS D'OCTOBRE 2023

Xavier Lecœur, journaliste et historien

Chaque jour, l'Église fête plusieurs saints et bienheureux : ceux du calendrier romain, ceux des calendriers diocésains et ceux du calendrier des Églises orientales.
Tous les mois, Prions en Église *vous propose d'en découvrir quelques-uns.*

1er octobre

Ste Thérèse de l'Enfant-Jésus
(1873-1897)
On célèbre cette année le 150e anniversaire de la naissance, à Alençon, de la « petite Thérèse ». L'humble carmélite de Lisieux, devenue une figure de sainteté universelle, est docteur de l'Église depuis 1997.

2 octobre

Les Saints Anges gardiens

3 octobre

Ste Émilie de Villeneuve
(1811-1854)
Fondatrice, en 1836, de la congrégation des Sœurs de l'Immaculée Conception de Castres. Canonisée en 2015.

4 octobre

St François d'Assise
(1182-1226)
Francesco Bernadone abandonna tous ses biens pour épouser « Dame Pauvreté ». Rejoint par des disciples, le « Poverello » fonda l'ordre des Frères mineurs (la famille franciscaine). Il a été canonisé dès 1228, deux ans seulement après son décès.

5 octobre

St Placide
(VIe siècle)
L'un des premiers disciples du futur saint Benoît de Nursie, auquel son père l'avait confié. Il mourut à l'abbaye bénédictine du Mont-Cassin.

6 octobre

Bse Marie-Rose Durocher
(1811-1849)
Québécoise qui fonda la congrégation enseignante des Sœurs des Saints Noms de Jésus et de Marie, présentes essentiellement sur le continent américain. Béatifiée en 1982.

7 octobre
Bx Joseph Toniolo
(1845-1918)
Grand acteur du catholicisme social en Italie. Il sut concilier sa vie de foi, ses recherches en économie et en sociologie, sa vie de famille et ses engagements dans la société. Béatifié en 2012.

8 octobre
Ste Réparate
(IIIe siècle)
Jeune fille de 15 ans martyrisée à Césarée de Palestine, sous le règne de Dèce. La cathédrale de Nice lui est dédiée.

9 octobre
St Denis
(IIIe siècle)
Venu évangéliser la Gaule, il devint le premier évêque de Paris. Avec le prêtre Éleuthère et le diacre Rustique, il mourut décapité sur le mont des Martyrs, actuel Montmartre.

10 octobre
St Daniel Comboni
(1831-1881)
En 2003, le pape saint Jean-Paul II canonisait ce prêtre italien tenace qui se voua à l'évangélisation de l'Afrique centrale et fonda deux instituts missionnaires.

11 octobre
Bx Jacques Griesinger
(1407-1491)
Originaire d'Ulm (Allemagne), il entra comme frère convers chez les dominicains de Bologne (Italie). Il s'y distingua par ses vertus religieuses et ses talents de peintre-verrier.

12 octobre
Bx Carlo Acutis
(1991-2016)
« Trouvez Dieu et vous trouverez le sens de votre vie », affirmait ce jeune Italien. Durant sa brève vie, il mit sa passion pour l'informatique au service de sa foi. Béatifié en 2020.

13 octobre
St Géraud
(855-909)
Seigneur d'Aurillac (Cantal), attiré par la vie monastique. Sur le conseil de son évêque, il décida de rester dans le monde et d'y mener une vie conforme à l'Évangile. Il fut l'un des premiers saints laïcs non martyrs.

14 octobre
St Calixte Ier
(IIe-IIIe siècles)
Ayant succédé en 217 au pape Zéphyrin, il combattit les hérésies, mais fit preuve d'indulgence envers les apostats repentis.

15 octobre
Ste Thérèse d'Avila
(1515-1582)
« Ce qui importe avant tout, c'est d'entrer en nous-même pour y rester seul avec Dieu », écrivait cette grande mystique, réformatrice de l'ordre du Carmel. Première femme docteur de l'Église.

16 octobre
St Gérard Majella
(1726-1755)
De très nombreux miracles sont attribués à ce frère rédemptoriste italien qui avait décidé de faire en toutes choses « la belle volonté de Dieu ». Saint patron des femmes enceintes.

17 octobre
St Jean d'Égypte
(305-394)
Ermite à Lycopolis (aujourd'hui Assiout, en Haute-Égypte) durant près d'un demi-siècle. Il était très recherché pour ses conseils spirituels.

18 octobre
St Pierre d'Alcantara
(1499-1562)
Franciscain espagnol qui mena une importante réforme de son ordre et encouragea sainte Thérèse d'Avila à en faire de même avec le Carmel. Grand maître spirituel.

19 octobre
Ste Frideswide
(VIIe-VIIIe siècles)
Abbesse d'un monastère double situé à Oxford, elle est devenue la sainte patronne de la ville et de son université.

20 octobre
Ste Marie-Bertille Boscardin
(lire page 121)

21 octobre
Ste Laura Montoya
(1874-1949)
Fondatrice des Missionnaires de Marie Immaculée et de Sainte Catherine de Sienne. Première sainte colombienne, canonisée en 2013 par le pape François, pour l'évangélisation des Indiens des forêts.

22 octobre
St Jean-Paul II
(1920-2005)
« Un monde sans Dieu se construit tôt ou tard contre l'homme », rappelait avec force le grand pape polonais lors de son premier voyage en France au printemps 1980. Canonisé en 2014.

23 octobre
St Romain
(VIIe siècle)
Après avoir servi le roi mérovingien

Clotaire II, il fut élu évêque de Rouen, ville dont il est le saint patron.

24 octobre
St Antoine-Marie Claret
(1807-1870)
« Se consacrer sans cesse à allumer le feu de l'amour divin dans le monde. » Tel est l'objectif que ce Catalan assigna aux Fils du Cœur Immaculé de Marie, congrégation qu'il fonda en 1849.

25 octobre
Sts Chrysante et Darie
(IIIe siècle)
Ce couple fut martyrisé à Rome en raison de leur foi. Le pape saint Damase fit leur éloge.

26 octobre
St Amand
(IVe siècle)
Il est vénéré comme le premier évêque de Strasbourg.

27 octobre
St Évariste
(Ier-IIe siècles)
Quatrième successeur de saint Pierre, après Lin, Anaclet et Clément.

28 octobre
Sts Simon et Jude
(Ier siècle)
Simon « le Zélote », et Jude, dit « Thaddée », sont deux des douze Apôtres du Christ. Ils seraient morts martyrs en Perse après la Pentecôte.

29 octobre
Bse Chiara Luce Badano
(1971-1990)
« Je ne dois pas parler de Jésus, mais le donner aux autres par ma manière de me comporter », disait cette jeune Italienne à la foi lumineuse, membre des Focolari. Béatifiée en 2010.

30 octobre
St Germain de Capoue
(VIe siècle)
Ami de saint Benoît et évêque de Capoue (Italie). Il aida le pape saint Hormisdas à mettre fin au schisme provoqué par Acace, patriarche de Constantinople. Saint Benoît aurait vu son âme s'envoler vers le ciel.

31 octobre
Bse Irène Stefani
(1891-1930)
Religieuse italienne, de la congrégation des Missionnaires de la Consolata. Elle servit, avec un dévouement constant, comme infirmière et enseignante dans les missions du Kenya. Béatifiée en 2014.

Prions avec les textes de la messe

DU 1ER AU 31 OCTOBRE 2023

Partagez vos intentions de prière

....

....

....

....

....

....

....

....

....

Envoyez vos intentions de prière à :
Prions en Église, Intentions de prière, 18 rue Barbès, 92128 Montrouge Cedex. **Elles seront portées par la rédaction de *Prions en Église* au sanctuaire Notre-Dame de Montligeon, les 1er et 2 novembre 2023.**

DIMANCHE 1ER OCTOBRE 2023

26E DIMANCHE DU TEMPS ORDINAIRE

ANNÉE A – COULEUR LITURGIQUE : VERT

« S'étant repenti, il y alla. »
Matthieu 21, 29

« Mon enfant, va travailler aujourd'hui à la vigne. » À cet appel de leur père à travailler à la vigne, l'un des fils obtempère avant de se raviser, tandis que l'autre refuse avant de dire « oui ». Et nous, vis-à-vis du Seigneur ? Comment répondons-nous à ses appels à le suivre ? Nos « non » ont-ils été suivis de « oui » ? Et nos « oui », sont-ils donnés du fond du cœur ? Aujourd'hui, marchons avec le Seigneur sur son chemin de vie.

DIMANCHE 1ER OCTOBRE 2023

RITES INITIAUX

Chant d'entrée *(Suggestions p. 244)*

OU

Antienne d'ouverture

Tout ce que tu nous as infligé, Seigneur, tu l'as fait par un jugement de vérité, car nous avons péché contre toi, nous n'avons pas obéi à tes commandements ; mais glorifie ton nom, et agis envers nous selon l'abondance de ta miséricorde.
(cf. Dn 3, 31.29.30.43.42)

Suggestion de préparation pénitentielle *(ou p. 216)*

En ce dimanche où le Seigneur nous appelle à lui offrir des « oui » francs, des « oui » déterminés, tournons-nous vers lui. Dans la confiance, reconnaissons notre péché.

Seigneur Jésus, tu nous fais connaître ta route, tu nous diriges par ta vérité. Prends pitié de nous.

— Prends pitié de nous.

Ô Christ, tu oublies les révoltes de notre jeunesse, tu te rappelles sans cesse ta tendresse. Prends pitié de nous.

— Prends pitié de nous.

Seigneur, tu montres aux pécheurs le chemin, tu enseignes aux humbles ta route. Prends pitié de nous.

— Prends pitié de nous.

Que Dieu tout-puissant nous fasse miséricorde ; qu'il nous pardonne nos péchés et nous conduise à la vie éternelle. **— *Amen.***

Gloire à Dieu *(p. 218)*

Prière

Seigneur Dieu, quand tu pardonnes et prends pitié, tu manifestes au plus haut point ta toute-puissance ; multiplie pour nous les dons de ta grâce : alors, en nous hâtant vers les biens que tu promets, nous aurons part au bonheur du ciel. Par Jésus… **— *Amen.***

LITURGIE DE LA PAROLE

Lecture du livre du prophète Ézékiel (18, 25-28)

« Si le méchant se détourne de sa méchanceté, il sauvera sa vie »

Ainsi parle le Seigneur : « Vous dites : "La conduite du Seigneur n'est pas la bonne." Écoutez donc, fils d'Israël : est-ce ma conduite qui n'est pas la bonne ? N'est-ce pas plutôt la vôtre ? Si le juste se détourne de sa justice, commet le mal, et meurt dans cet état, c'est à cause de son mal qu'il mourra. Si le méchant se détourne de sa méchanceté pour pratiquer le droit et la justice, il sauvera sa vie. Il a ouvert les yeux et s'est détourné de ses crimes. C'est certain, il vivra, il ne mourra pas. »

– Parole du Seigneur.

DIMANCHE 1ER OCTOBRE 2023

Psaume 24 (25)

℟ *Rappelle-toi, Seigneur, ta tendresse.*

T. : AELF; M. : G. Previdi; Éd. : ADF.

Seigneur, enseigne-moi tes voies,
fais-moi connaître ta route.
Dirige-moi par ta vérité, enseigne-moi,
car tu es le Dieu qui me sauve. ℟

Rappelle-toi, Seigneur, ta tendresse,
ton amour qui est de toujours.
Oublie les révoltes, les péchés de ma jeunesse ;
dans ton amour, ne m'oublie pas. ℟

Il est droit, il est bon, le Seigneur,
lui qui montre aux pécheurs le chemin.
Sa justice dirige les humbles,
il enseigne aux humbles son chemin. ℟

Retrouvez ce psaume sur le CD "Les psaumes de l'année A"

Lecture de la lettre de saint Paul apôtre aux Philippiens (2, 1-11)

Lecture brève : 2, 1-5

« Ayez en vous les dispositions qui sont dans le Christ Jésus »

Frères, s'il est vrai que, dans le Christ, on se réconforte les uns les autres, si l'on s'encourage avec amour, si l'on est en communion dans l'Esprit, si l'on a de la tendresse et de la compassion, alors, pour que ma joie soit complète, ayez les mêmes dispositions, le même amour, les mêmes sentiments ; recherchez l'unité. Ne soyez jamais intrigants ni vaniteux, mais ayez assez d'humilité pour estimer les autres supérieurs à vous-mêmes. Que chacun de vous ne soit pas préoccupé de ses propres intérêts ; pensez aussi à ceux des autres.
Ayez en vous les dispositions qui sont dans le Christ Jésus :

Fin de la lecture brève

ayant la condition de Dieu, il ne retint pas jalousement le rang qui l'égalait à Dieu. Mais il s'est anéanti, prenant la condition de serviteur, devenant semblable aux hommes. Reconnu homme à son aspect, il s'est abaissé, devenant obéissant jusqu'à la mort, et la mort de la croix. C'est pourquoi Dieu l'a exalté : il l'a doté du Nom qui est au-dessus de tout nom, afin qu'au nom de Jésus tout genou fléchisse au ciel, sur terre et aux enfers, et que toute langue proclame : « Jésus Christ est Seigneur » à la gloire de Dieu le Père.
– Parole du Seigneur.

Acclamation de l'Évangile

Alléluia. Alléluia. Mes brebis écoutent ma voix, dit le Seigneur ; moi, je les connais, et elles me suivent. ***Alléluia.***

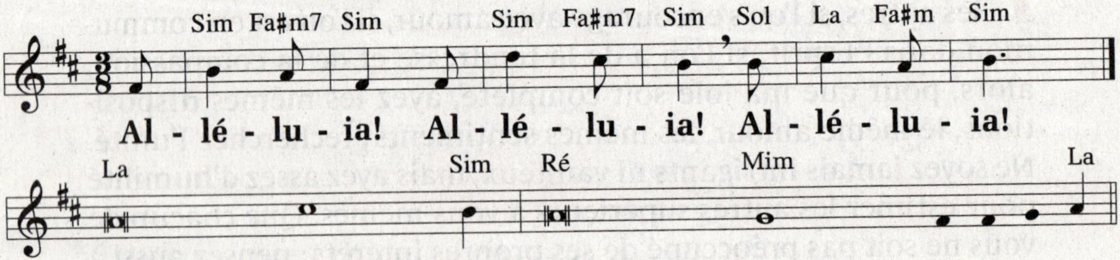

V 166 ; M. : P. Décha ; Éd. Pierre Zech.

Évangile de Jésus Christ selon saint Matthieu (21, 28-32)

« S'étant repenti, il y alla »

En ce temps-là, Jésus disait aux grands prêtres et aux anciens du peuple : « Quel est votre avis ? Un homme avait deux fils. Il vint trouver le premier et lui dit : "Mon enfant, va travailler aujourd'hui à la vigne." Celui-ci répondit : "Je ne veux pas." Mais ensuite, s'étant repenti, il y alla. Puis le père alla trouver le second et lui parla de la même manière. Celui-ci répondit : "Oui, Seigneur !" et il n'y alla pas. Lequel des deux a fait la volonté du père ? » Ils lui répondent : « Le premier. »
Jésus leur dit : « Amen, je vous le déclare : les publicains et les

prostituées vous précèdent dans le royaume de Dieu. Car Jean le Baptiste est venu à vous sur le chemin de la justice, et vous n'avez pas cru à sa parole ; mais les publicains et les prostituées y ont cru. Tandis que vous, après avoir vu cela, vous ne vous êtes même pas repentis plus tard pour croire à sa parole. »

Homélie

Profession de foi *(p. 219)*

Suggestion de prière universelle

Le prêtre :

En ce mois du Rosaire, avec la Vierge Marie, prions Jésus son Fils, pour l'Église et pour le monde.

℟ ***Avec Marie ta mère, nous te supplions.***

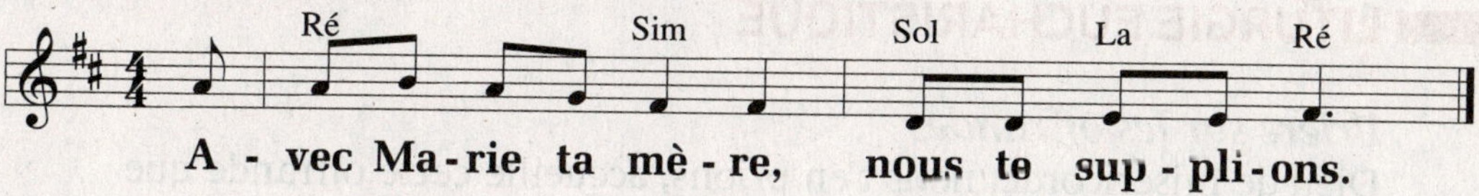

MW - BPL.

Le diacre ou un lecteur :

Prions pour l'Église en synode, qu'elle adopte l'écoute et le dialogue comme style de vie à tous les niveaux. Avec le pape François, prions ensemble. ℟

Prions pour les chefs d'État, qu'ils mènent nos pays sur des chemins de justice et de souci des plus petits. Avec Marie, prions ensemble. ℟

Prions pour les personnes blessées dans leurs relations familiales, qu'ils trouvent des amis prêts à les écouter et à leur donner d'espérer. Avec Marie, prions ensemble. ℟

Prions pour notre assemblée réunie en ce jour, que chacun puisse répondre avec audace aux appels que lui lance le Seigneur. Avec Marie, prions ensemble. ℟

(Ces intentions seront adaptées ou modifiées selon les circonstances.)

Le prêtre :

Seigneur Jésus, c'est avec Marie ta mère que nous nous tournons vers toi. Écoute nos prières, exauce-les, toi qui vis et règnes pour les siècles des siècles. — ***Amen.***

LITURGIE EUCHARISTIQUE

Prière sur les offrandes

Dieu de miséricorde, nous t'en prions, accueille cette offrande que nous te présentons : qu'elle ouvre largement pour nous la source de toute bénédiction. Par le Christ, notre Seigneur. — ***Amen.***

Prière eucharistique *(Préface des dimanches, p. 222)*

Chant de communion *(Suggestions p. 244)*

OU

Antienne de la communion

Rappelle-toi ta parole à ton serviteur, Seigneur,
celle dont tu fis mon espoir. Elle est ma consolation
dans mon épreuve.
(Ps 118, 49-50)

OU

Voici comment nous avons reconnu l'amour : lui, Jésus,
a donné sa vie pour nous. Nous aussi, nous devons donner
notre vie pour nos frères.
(1 Jn 3, 16)

Prière après la communion

Que le sacrement du ciel, Seigneur, guérisse nos esprits et nos corps, afin qu'annonçant la mort du Christ et participant à ses souffrances, nous héritions avec lui de sa gloire. Lui qui… ***— Amen.***

RITE DE CONCLUSION

Bénédiction

Envoi

COMMENTAIRE DU DIMANCHE

Jonathan Guilbault, directeur éditorial de *Prions en Église* Canada

Moins de certitude, plus d'humilité

La dissonance cognitive nous guette tous. Il est si facile d'agir en contradiction avec l'Évangile en prétendant pourtant s'y conformer. Nous disons tous « oui » au précepte d'aimer notre prochain. Mais dans la vie de tous les jours, les raisons pullulent pour différer cet amour, l'affadir, voire le pervertir en prétexte d'exclusion.

Ce travestissement de l'amour n'est jamais si scandaleux que lorsqu'il se manifeste au nom même de la vérité, au nom même du Christ. « Pour ton bien, parce que Dieu t'aime et veut que tu comprennes, je te ferme la porte au nez. » Même si c'est exprimé moins frontalement, il y a un peu de cela, parfois, dans notre façon de faire Église. Un peu trop de certitude sur ce qu'est la

vérité, sur ce que commande l'amour ; pas assez d'humilité, d'écoute, de remise en question.
Pourtant, la mise en garde de Jésus à propos des grands prêtres précédés dans le Royaume par « les publicains et les prostituées » ne saurait être plus claire : faire la volonté de Dieu exige une conversion intérieure, un passage du « non » au « oui ». Ou du moins : d'un « oui mais... » à un « oui ! »
Et la condition minimale pour se convertir est de reconnaître ses propres résistances à l'amour. Ses propres façons de se convaincre que Paul exagère un peu quand il intime d'avoir « assez d'humilité pour estimer les autres supérieurs à vous-mêmes ».

~

Qu'ai-je ressenti la dernière fois que j'ai finalement décidé d'accomplir un geste difficile mais nécessaire ? De la joie ? De la délivrance ?

M'est-il arrivé d'être édifié par une personne envers laquelle j'avais des préjugés ? ■

DIMANCHE 1ER OCTOBRE 2023

LIRE L'ÉVANGILE AVEC LES ENFANTS

CE QUE JE DÉCOUVRE

Comme les deux fils de l'évangile d'aujourd'hui, il nous arrive de ne pas toujours faire ce que nous disons. Or il n'est jamais trop tard pour dire oui. Ou pour revenir vers Dieu. **Comme un père, Dieu nous accueille toujours lorsque nous venons vers lui avec un cœur sincère.** Même si nous avons commencé par lui répondre non ! Quel oui à Jésus diras-tu aujourd'hui ?

CE QUE JE VIS

Réfléchis-tu avant de répondre à une demande que l'on te fait ?
Pour toi, qu'est-ce qui est le plus important : les actes ou les paroles ?
Auquel des deux fils ressembles-tu ?
Dans ta prière, dis à Dieu pourquoi tu l'aimes.
Puis fais un grand signe de croix.

Texte : Patricia Metzger. Illustrations : Marcelino Truong

MÉDITATION BIBLIQUE

26E DIMANCHE DU TEMPS ORDINAIRE

Lettre de saint Paul aux Philippiens 2, 1-11

Communauté de destin

Le chrétien est appelé à vivre une communauté de destin avec son Seigneur : dans la mort et dans la résurrection, dans l'abaissement volontaire et dans l'exaltation. Ce qui suppose un « retournement » enraciné dans une expérience de Dieu, comme l'a expérimenté Paul, dont l'échelle des valeurs fut bouleversée.

Le temps de la préparation

« Seigneur, enseigne-moi tes voies, fais-moi connaître ta route. » (Ps 24, 4)

Le temps de l'observation

La deuxième lecture de ce dimanche présente deux modes d'écriture bien distincts. Les versets 1 à 5 relèvent de l'exhortation à l'égard d'une communauté en proie à des tensions. Les versets 6 à 11 s'inscrivent dans un langage hymnique : lui qui avait « la condition de Dieu ». Cette hymne centrée sur le Christ est vraisemblablement reprise par Paul à la liturgie de son temps. L'exhortation invite chacun à sortir de soi et de ces tendances qui conduisent à se centrer sur ses seuls intérêts, à s'imposer aux autres, voire à les mépriser – toutes choses qui •••

... « pourrissent » la vie des communautés ecclésiales et entraînent des divisions. Mais comment en sortir, sinon en prenant le temps de contempler le Christ jusqu'à se laisser transformer intérieurement par celui que l'hymne nous montre ? Lui qui se révèle proche du Jésus des tentations refusant un chemin de gloire pour être un messie selon le cœur de Dieu, uni aux vouloirs du Père.

Le temps de la méditation

Humilité, unité sont des mots dont il nous arrive de nous méfier à juste titre. Ils peuvent se révéler des moyens de manipulation pour éradiquer les différences légitimes à l'intérieur d'une communauté, pour nier la dimension de l'altérité et favoriser une unité qui s'apparente à la pensée unique et au totalitarisme. D'où l'importance de confronter cette exhortation à la façon dont Jésus a vécu concrètement ses relations humaines. Tout au long de sa vie, il a rompu avec les logiques du pouvoir, de l'avoir, du savoir, mais sans pour autant se diluer dans les groupes religieux de son temps, sans abdiquer devant les autorités. Il a lavé les pieds de ses disciples et, par là, témoigné qu'il y a joie à s'effacer et à honorer l'autre par amour, nous dévoilant ainsi la vie intime de la Trinité. Voilà qui nous signifie l'urgence du discernement pour être en mesure d'adopter l'attitude juste dans la fidélité au Christ et pour la gloire du Père.

Le temps de la prière

**« Rappelle-toi, Seigneur,
ta tendresse, ton amour qui est
de toujours. » (Ps 24, 5-6)** ■

Emmanuelle Billoteau,
ermite

Une prière de Pierre Charland, pour ce dimanche

Seigneur, tu connais notre cœur

Seigneur, enseigne-nous la véritable humilité
qui nous rend libres et qui procure la joie !
Obsédés par les apparences, nous parlons parfois trop vite
et faisons des promesses que nous ne pouvons pas honorer.
Comme pour le fils de la parabole
qui ne respecte pas son engagement,
il y a souvent une grande distance entre l'image
que nous voulons projeter et le réel de notre vie.
Toi qui as vécu en cohérence,
soucieux de justice et de vérité,
apprends-nous la constance et la droiture,
sans calcul ni quête de gloire.
Que nous soyons simples et sincères,
loyaux dans la foi et confiants en ta parole.
Ainsi, nous suivrons tes traces et rendrons grâce à ton nom
par l'authenticité de nos relations.

LA VIE EN PHOTO

4 OCTOBRE, SAINT FRANÇOIS D'ASSISE, FIN DU TEMPS POUR LA CRÉATION

Création

L'été est loin. Septembre est passé. L'année s'est installée et, avec elle, peut-être, une forme de mélancolie. Il existe un remède simple : une promenade en forêt au petit matin, les sens en éveil. La lumière rase fait chatoyer les couleurs : jaune vif, orange flamboyant, rouge profond… Les feuilles craquent sous les pas. L'air frais transporte des parfums – nous ne les reconnaissons pas toujours. Et la faune se cache. Il y a des traces de sa présence, pourtant : des empreintes, des touffes de poils ou de plumes, des pelotes de réjection… Nous entendrons les oiseaux chanter ou le cerf bramer, avec de la chance ! Peut-être apercevrons-nous même une harde au détour d'un chemin. Les mots de saint François résonneront : « Loué sois-tu, mon Seigneur, avec toutes tes créatures ! » ■

Frédéric Pascal, journaliste

« Comme un cerf altéré cherche l'eau vive, ainsi mon âme te cherche toi, mon Dieu. » Psaume 41, 2

Jeune daim. ©Flpa / Hemis.fr

LUNDI 2 OCTOBRE 2023

COULEUR LITURGIQUE : BLANC

Les Saints Anges gardiens

L'Église fait mémoire aujourd'hui des Saints Anges gardiens, auxquels Dieu a confié la mission d'assurer auprès des hommes une présence fraternelle.

Antienne d'ouverture

Tous les anges du Seigneur, bénissez le Seigneur ; chantez sa louange et proclamez sa gloire, éternellement. (cf. Dn 3, 58)

Prière

Seigneur Dieu, dans ton admirable providence, tu envoies tes saints anges pour nous garder ; accorde à ceux qui te prient le bienfait de leur constante protection et la joie de vivre en leur compagnie pour toujours. Par Jésus… ***— Amen.***

Lectures propres à la mémoire des Saints Anges gardiens.

Lecture

du livre de l'Exode (23, 20-23a)

« Je vais envoyer un ange devant toi »

Ainsi parle le Seigneur : « Je vais envoyer un ange devant toi pour te garder en chemin et te faire parvenir au lieu que je t'ai préparé. Respecte sa présence, écoute sa voix. Ne lui résiste pas : il ne te pardonnerait pas ta révolte, car mon nom est en lui. Mais si tu écoutes parfaitement sa voix, si tu fais tout ce que je dirai, je serai l'ennemi de tes ennemis, et l'adversaire de tes adversaires. Mon ange marchera devant toi. »

– Parole du Seigneur.

Psaume 90 (91)

℟ ***Le Seigneur donne mission à ses anges de te garder sur tous tes chemins.***

Quand je me tiens sous l'abri du Très-Haut
et repose à l'ombre du Puissant,
je dis au Seigneur : « Mon refuge,
mon rempart, mon Dieu, dont je suis sûr ! » ℟

C'est lui qui te sauve des filets du chasseur
et de la peste maléfique ;
il te couvre et te protège.
Tu trouves sous son aile un refuge :
sa fidélité est une armure, un bouclier. ℟

Tu ne craindras ni les terreurs de la nuit,
ni la flèche qui vole au grand jour,
ni la peste qui rôde dans le noir,
ni le fléau qui frappe à midi. ℟

Le malheur ne pourra te toucher,
ni le danger, approcher
de ta demeure :
il donne mission à ses anges
de te garder sur tous tes chemins. ℟

Acclamation de l'Évangile

Alléluia. Alléluia. Tous les anges du Seigneur, bénissez le Seigneur : à lui, haute gloire, louange éternelle ! ***Alléluia.***

Évangile de Jésus Christ

selon saint Matthieu (18, 1-5.10)

« Leurs anges dans les cieux voient sans cesse la face de mon Père qui est aux cieux »

À ce moment là, les disciples s'approchèrent de Jésus et lui dirent : « Qui donc est le plus grand dans le royaume des Cieux ? » Alors Jésus appela un petit enfant ; il le plaça au milieu d'eux, et il déclara : « Amen,

je vous le dis : si vous ne changez pas pour devenir comme les enfants, vous n'entrerez pas dans le royaume des Cieux. Mais celui qui se fera petit comme cet enfant, celui-là est le plus grand dans le royaume des Cieux. Et celui qui accueille un enfant comme celui-ci en mon nom, il m'accueille, moi. Gardez-vous de mépriser un seul de ces petits, car, je vous le dis, leurs anges dans les cieux voient sans cesse la face de mon Père qui est aux cieux. »

Prière sur les offrandes

Accepte, Seigneur, les offrandes que nous t'apportons en l'honneur de tes saints anges ; permets qu'ils veillent sans cesse à nos côtés, afin que nous échappions aux dangers du présent et parvenions au bonheur de la vie éternelle. Par le Christ, notre Seigneur. ***— Amen.***

Prière eucharistique

(Préface des anges)

Vraiment, il est juste et bon, pour ta gloire et notre salut, de t'offrir notre action de grâce, toujours et en tout lieu, Seigneur, Père très saint, Dieu éternel et tout-puissant. Oui, il est bon de te chanter pour les archanges et les anges, car c'est ta perfection et ta gloire que rejoint notre louange lorsqu'elle honore ces créatures spirituelles, et leur splendeur manifeste combien tu es grand et surpasses tous les êtres, par le Christ, notre Seigneur. Par lui, la multitude des anges célèbre ta grandeur : dans l'allégresse d'une même adoration, laisse-nous joindre nos voix à leur louange, pour chanter et proclamer :
Saint ! Saint ! Saint…

Antienne de la communion
Je te chante, mon Dieu,
en présence des anges.
(cf. Ps 137, 1)

Prière après la communion
Dans cet incomparable sacrement, tu nous as nourris, Seigneur, pour la vie éternelle ; guide-nous, par le secours des anges, sur le chemin du salut et de la paix. Par le Christ, notre Seigneur.
— *Amen.*

INVITATION

Et si j'envoyais le texte de l'évangile du jour à un enfant de mon entourage ?

COMMENTAIRE

Mon ange

Les trois traditions religieuses abrahamiques affirment l'existence de purs esprits, intermédiaires entre la terre et le ciel. Jésus lui-même atteste leur présence auprès du Père, veillant dans la louange et le souci de ceux qu'ils accompagnent, spécialement les plus petits. Soyons sincères avec nous-mêmes, ne nous est-il jamais arrivé d'éprouver leur proximité ? Sinon, invoquons notre ange et laissons-le nous surprendre ! ■

***Bénédicte de la Croix**, cistercienne*

MARDI 3 OCTOBRE 2023

26E SEMAINE DU TEMPS ORDINAIRE COULEUR LITURGIQUE : VERT

Temps ordinaire, *suggestion d'oraisons et d'antiennes n° 24*

Antienne d'ouverture

Donne la paix, Seigneur,
à ceux qui t'attendent ;
que tes prophètes soient reconnus dignes de foi.
Écoute les prières de ton serviteur,
et de ton peuple Israël.
(cf. Si 36, 21-22)

Prière

Dieu créateur et maître de tout, pose sur nous ton regard, et pour que nous ressentions l'effet de ton pardon, accorde-nous de te servir avec un cœur sans partage. Par Jésus… ***— Amen.***

Lecture

du livre du prophète Zacharie (8, 20-23)

« Des peuples nombreux viendront à Jérusalem chercher le Seigneur »

Ainsi parle le Seigneur de l'univers : Voici que, de nouveau, des peuples afflueront, des habitants de nombreuses villes. Les habitants d'une ville iront dans une autre ville et diront : « Allons apaiser la face du Seigneur, allons chercher le Seigneur de l'univers ! Quant à moi,

j'y vais. » Des peuples nombreux et des nations puissantes viendront à Jérusalem chercher le Seigneur de l'univers et apaiser sa face. Ainsi parle le Seigneur de l'univers : En ces jours-là, dix hommes de toute langue et de toute nation saisiront un Juif par son vêtement et lui diront : « Nous voulons aller avec vous, car nous avons appris que Dieu est avec vous. »
– Parole du Seigneur.

Psaume 86 (87)

℟ ***Dieu est avec nous.***

Elle est fondée sur les montagnes saintes.
Le Seigneur aime les portes de Sion
plus que toutes les demeures de Jacob.
Pour ta gloire on parle de toi,
ville de Dieu ! ℟

« Je cite l'Égypte et Babylone
entre celles qui me connaissent. »
Voyez Tyr, la Philistie, l'Éthiopie :
chacune est née là-bas. ℟

Mais on appelle Sion : « Ma mère ! »
car en elle, tout homme est né.
C'est lui, le Très-Haut, qui la maintient. ℟

Au registre des peuples,
le Seigneur écrit :
« Chacun est né là-bas. »
Tous ensemble ils dansent,
et ils chantent :
« En toi, toutes nos sources ! » ℟

Acclamation de l'Évangile

Alléluia. Alléluia. Le Fils de l'homme est venu pour servir, et donner sa vie en rançon pour la multitude. ***Alléluia.***

Évangile de Jésus Christ

selon saint Luc (9, 51-56)

« Jésus, le visage déterminé, prit la route de Jérusalem »

Comme s'accomplissait le temps où il allait être enlevé au ciel, Jésus, le visage déterminé, prit la route de Jérusalem. Il envoya, en avant de lui, des messagers ; ceux-ci se mirent en route et entrèrent dans un village de Samaritains pour préparer sa venue. Mais on refusa de le recevoir, parce qu'il se dirigeait vers Jérusalem. Voyant cela, les disciples Jacques et Jean dirent : « Seigneur, veux-tu que nous ordonnions qu'un feu tombe du ciel et les détruise ? » Mais Jésus, se retournant, les réprimanda. Puis ils partirent pour un autre village.

Prière sur les offrandes

Sois favorable à nos supplications, Seigneur, et dans ta bonté accueille les offrandes de ceux qui te servent : que les dons offerts par chacun en l'honneur de ton nom soient utiles au salut de tous. Par le Christ, notre Seigneur. — ***Amen.***

Antienne de la communion

La coupe de bénédiction
que nous bénissons est communion
au sang du Christ. Le pain
que nous rompons est participation
au corps du Seigneur.
(cf. 1 Co 10, 16)

OU

Qu'elle est précieuse,
ta miséricorde, ô mon Dieu !
Les hommes trouvent refuge
à l'ombre de tes ailes.
(cf. Ps 35, 8)

Prière après la communion

Que la force agissante de ce don divin, nous t'en prions, Seigneur, saisisse nos esprits et nos corps, afin que son influence, et non pas notre sentiment, prédomine toujours en nous. Par le Christ, notre Seigneur. — ***Amen.***

INVITATION

Demain, l'assemblée synodale se réunit à Rome pour la première session du synode sur la synodalité. Dans ma prière, je peux reprendre l'intention du Saint-Père du mois (lire p. 6).

COMMENTAIRE

Un peuple averti

Zacharie 8, 20-23

Le Seigneur avertit son peuple. Un jour, des gens de toutes langues et nations viendront vous saisir par vos vêtements avec cette demande : « Nous voulons aller avec vous, car nous avons appris que Dieu est avec vous. » N'est-ce pas ce qui se réalise dans l'Église lorsque des adultes demandent le baptême ou la confirmation ? Ils cherchent à rejoindre des frères et des sœurs dont le style de vie témoigne d'un « Dieu-avec », Emmanuel. ■

***Bénédicte de la Croix**, cistercienne*

MERCREDI 4 OCTOBRE 2023

26E SEMAINE DU TEMPS ORDINAIRE COULEUR LITURGIQUE : BLANC

Saint François d'Assise

1182-1226. À 25 ans, Francesco Bernardone fit la rencontre du Christ pauvre, libre et joyeux. Il rompit avec sa riche famille et se trouva bientôt l'inspirateur de très nombreux disciples.

Antienne d'ouverture

François, l'homme de Dieu, quitte sa maison, abandonne son héritage ; il se fait pauvre et sans ressource, mais le Seigneur l'accueille.

Prière

Seigneur Dieu, tu as donné à saint François d'Assise d'être configuré au Christ pauvre et humble ; accorde-nous la force d'emprunter les mêmes chemins pour suivre ton Fils et pour vivre unis à toi dans une joyeuse charité. Par Jésus…

— Amen.

Lecture

du livre de Néhémie (2, 1-8)

« Si tel est le bon plaisir du roi, laisse-moi aller dans la ville où sont enterrés mes pères, et je la rebâtirai. »

Moi, Néhémie, j'étais alors échanson du roi. La vingtième année du règne d'Artaxerxès, au mois de Nissane, je présentai le vin et l'offris au roi. Je n'avais jamais montré de tristesse devant lui, mais ce jour-là, le roi me dit : « Pourquoi ce visage triste ? Tu n'es pourtant pas malade ! Tu as donc du chagrin ? » Rempli de crainte, je répondis : « Que le roi vive toujours ! Comment n'aurais-je pas l'air triste, quand la ville où sont

enterrés mes pères a été dévastée, et ses portes, dévorées par le feu ? » Le roi me dit alors : « Que veux-tu donc me demander ? » Je fis une prière au Dieu du ciel, et je répondis au roi : « Si tel est le bon plaisir du roi, et si tu es satisfait de ton serviteur, laisse-moi aller en Juda, dans la ville où sont enterrés mes pères, et je la rebâtirai. » Le roi, qui avait la reine à côté de lui, me demanda : « Combien de temps durera ton voyage ? Quand reviendras-tu ? » Je lui indiquai une date qu'il approuva, et il m'autorisa à partir. Je dis encore : « Si tel est le bon plaisir du roi, qu'on me donne des lettres pour les gouverneurs de la province qui est à l'ouest de l'Euphrate, afin qu'ils facilitent mon passage jusqu'en Juda ; et aussi une lettre pour Asaph, l'inspecteur des forêts royales, afin qu'il me fournisse du bois de charpente pour les portes de la citadelle qui protégera la maison de Dieu, le rempart de la ville, et la maison où je vais m'installer. » Le roi me l'accorda, car la main bienfaisante de mon Dieu était sur moi. – Parole du Seigneur.

Psaume 136 (137)

℟ ***Que ma langue s'attache à mon palais si je perds ton souvenir !***

Au bord des fleuves de Babylone
nous étions assis et nous pleurions,
nous souvenant de Sion ;
aux saules des alentours
nous avions pendu nos harpes. ℟

C'est là que nos vainqueurs
nous demandèrent des chansons,
et nos bourreaux, des airs joyeux :
« Chantez-nous, disaient-ils,
quelque chant de Sion. » ℟

Comment chanterions-nous
un chant du Seigneur
sur une terre étrangère ?
Si je t'oublie, Jérusalem,
que ma main droite m'oublie ! ℟

Je veux que ma langue s'attache
à mon palais
si je perds ton souvenir,
si je n'élève Jérusalem
au sommet de ma joie. ℟

Acclamation de l'Évangile

Alléluia. Alléluia. J'ai tout perdu ; je considère tout comme des ordures, afin de gagner un seul avantage, le Christ et, en lui, d'être reconnu juste. ***Alléluia.***

Évangile de Jésus Christ

selon saint Luc (9, 57-62)

« Je te suivrai partout où tu iras »

En ce temps-là, en cours de route, un homme dit à Jésus : « Je te suivrai partout où tu iras. » Jésus lui déclara : « Les renards ont des terriers, les oiseaux du ciel ont des nids ; mais le Fils de l'homme n'a pas d'endroit où reposer la tête. » Il dit à un autre : « Suis-moi. » L'homme répondit : « Seigneur, permets-moi d'aller d'abord enterrer mon père. » Mais Jésus répliqua : « Laisse les morts* enterrer leurs morts. Toi, pars, et annonce le règne de Dieu. »
Un autre encore lui dit : « Je te suivrai, Seigneur ; mais laisse-moi d'abord faire mes adieux aux gens de ma maison. » Jésus lui répondit : « Quiconque met la main à la charrue, puis regarde en arrière, n'est pas fait pour le royaume de Dieu. »

Prière sur les offrandes

En te présentant nos offrandes, Seigneur, nous t'adressons cette prière : dispose-nous à célébrer dignement le mystère de la croix auquel saint François s'attacha avec tant d'ardeur. Par le Christ, notre Seigneur. — ***Amen.***

Antienne de la communion

Heureux les pauvres de cœur,
car le royaume des Cieux est à eux !
(Mt 5, 3)

Prière après la communion

Par le sacrement que nous avons reçu, accorde-nous, Seigneur, d'imiter la charité de saint François et son ardeur apostolique, pour que nous goûtions les fruits de ton amour et les fassions abonder en vue du salut de tous. Par le Christ, notre Seigneur. — ***Amen.***

INVITATION

Nous faisons mémoire aujourd'hui de saint François d'Assise.
Je peux réciter plusieurs fois son Cantique des créatures, en ce dernier jour du Temps pour la Création.

MERCREDI 4 OCTOBRE 2023

COMMENTAIRE

Comment le suivre ? Luc 9, 57-62

Contrairement aux hommes rencontrés par Jésus, multipliant les prétextes pour ne pas lui emboîter le pas, le petit pauvre d'Assise ne s'est pas contenté de suivre le Maître. Il est devenu par grâce un autre Christ, portant dans sa chair les stigmates de la Passion. Par l'intercession de saint François, demandons à Dieu de susciter dans les cœurs le désir de devenir les amis du *Très-Bas* (Christian Bobin), « un Dieu à hauteur d'enfance ». ■

Bénédicte de la Croix, *cistercienne*

✲ CLÉ DE LECTURE

« Laisse les morts » Luc 9, 60 *(p. 40)*

Le caractère excessif des exigences de Jésus inquiète : ne s'élève-t-il pas contre le respect premier dû aux parents, contre les liens sociaux les plus élémentaires ? Que signifie cette radicalité ? Elle reflète d'abord l'attitude de disciples itinérants partis après la Résurrection sur les routes de Galilée, dans l'attente urgente d'une venue finale du Seigneur. Ce ne peut être le choix que de quelques-uns. Mais, au-delà du scandale immédiat, la parole de Jésus rappelle que nous avons des choix décisifs à faire pour le suivre : bien des lourdeurs et des attachements intérieurs qui nous paralysent doivent être abandonnés. Plus encore, Jésus va prendre le chemin de Jérusalem et affronter la mort : là aussi, il nous est demandé de marcher à sa suite. ■

Roselyne Dupont-Roc, *bibliste*

JEUDI 5 OCTOBRE 2023

26E SEMAINE DU TEMPS ORDINAIRE COULEUR LITURGIQUE : VERT

Temps ordinaire, *suggestion d'oraisons et d'antiennes n° 25*
ou **sainte Faustine Kowalska**

Antienne d'ouverture

Je suis le salut de mon peuple, dit le Seigneur,
dans toutes les épreuves, s'il crie vers moi,
je l'exaucerai ; je serai son Seigneur pour toujours.

Prière

Seigneur Dieu, tu as voulu que toute la loi de sainteté consiste à t'aimer et à aimer son prochain : donne-nous de garder tes commandements, et de parvenir ainsi à la vie éternelle. Par Jésus… — ***Amen.***

Lecture

du livre de Néhémie (8, 1-4a.5-6.7b-12)

« Esdras ouvrit le livre de la Loi, il bénit le Seigneur, et tout le peuple répondit : "Amen ! Amen !" »

En ces jours-là, tout le peuple se rassembla comme un seul homme sur la place située devant la porte des Eaux. On demanda au scribe Esdras d'apporter le livre de la loi de Moïse, que le Seigneur avait prescrite à Israël. Alors le prêtre Esdras apporta la Loi en présence de l'assemblée, composée des hommes, des femmes, et de tous les enfants en âge de comprendre. C'était le premier jour du septième mois. Esdras, tourné

vers la place de la porte des Eaux, fit la lecture dans le livre, depuis le lever du jour jusqu'à midi, en présence des hommes, des femmes, et de tous les enfants en âge de comprendre : tout le peuple écoutait la lecture de la Loi. Le scribe Esdras se tenait sur une tribune de bois, construite tout exprès. Esdras ouvrit le livre ; tout le peuple le voyait, car il dominait l'assemblée. Quand il ouvrit le livre, tout le monde se mit debout. Alors Esdras bénit le Seigneur, le Dieu très grand, et tout le peuple, levant les mains, répondit : « Amen ! Amen ! » Puis ils s'inclinèrent et se prosternèrent devant le Seigneur, le visage contre terre. Les Lévites expliquaient la Loi au peuple, pendant que le peuple demeurait debout sur place. Esdras lisait un passage dans le livre de la loi de Dieu, puis les Lévites traduisaient, donnaient le sens, et l'on pouvait comprendre. Néhémie le gouverneur, Esdras qui était prêtre et scribe, et les Lévites qui donnaient les explications, dirent à tout le peuple : « Ce jour est consacré au Seigneur votre Dieu ! Ne prenez pas le deuil, ne pleurez pas ! » Car ils pleuraient tous en entendant les paroles de la Loi. Esdras leur dit encore : « Allez, mangez des viandes savoureuses, buvez des boissons aromatisées, et envoyez une part à celui qui n'a rien de prêt. Car ce jour est consacré à notre Dieu ! Ne vous affligez pas : la joie du Seigneur est votre rempart ! » Les Lévites calmaient tout le peuple en disant : « Cessez de pleurer, car ce jour est saint. Ne vous affligez pas ! » Puis tout le peuple se dispersa pour aller manger, boire, envoyer des parts à ceux qui n'avaient rien de prêt, et se livrer à de grandes réjouissances ; en effet, ils avaient compris les paroles qu'on leur avait fait entendre. – Parole du Seigneur.

Psaume 18B (19)

℟ ***Les préceptes du Seigneur sont droits, ils réjouissent le cœur.***

La loi du Seigneur est parfaite,
qui redonne vie ;
la charte du Seigneur est sûre,
qui rend sages les simples. ℟

Les préceptes du Seigneur sont droits,
ils réjouissent le cœur ;
le commandement du Seigneur est limpide,
il clarifie le regard. ℟

La crainte qu'il inspire est pure,
elle est là pour toujours ;
les décisions du Seigneur sont justes
et vraiment équitables : ℟

plus désirables que l'or,
qu'une masse d'or fin,
plus savoureuses que le miel
qui coule des rayons. ℟

Acclamation de l'Évangile

Alléluia. Alléluia. Le règne de Dieu est tout proche. Convertissez-vous et croyez à l'Évangile. ***Alléluia.***

Évangile de Jésus Christ

selon saint Luc (10, 1-12)

« Votre paix ira reposer sur lui »

En ce temps-là, parmi les disciples le Seigneur en désigna encore 72, et il les envoya deux par deux, en avant de lui, en toute ville et localité où lui-même allait se rendre. Il leur dit : « La moisson est abondante, mais les ouvriers sont peu nombreux. Priez donc le maître de la moisson

d'envoyer des ouvriers pour sa moisson. Allez ! Voici que je vous envoie comme des agneaux au milieu des loups. Ne portez ni bourse, ni sac, ni sandales, et ne saluez personne en chemin. Mais dans toute maison où vous entrerez, dites d'abord : "Paix à cette maison." S'il y a là un ami de la paix, votre paix ira reposer sur lui ; sinon, elle reviendra sur vous. Restez dans cette maison, mangeant et buvant ce que l'on vous sert ; car l'ouvrier mérite son salaire. Ne passez pas de maison en maison. Dans toute ville où vous entrerez et où vous serez accueillis, mangez ce qui vous est présenté. Guérissez les malades qui s'y trouvent et dites-leur : "Le règne de Dieu s'est approché de vous." Mais dans toute ville où vous entrerez et où vous ne serez pas accueillis, allez sur les places et dites : "Même la poussière de votre ville, collée à nos pieds, nous l'enlevons pour vous la laisser. Toutefois, sachez-le : le règne de Dieu s'est approché." Je vous le déclare : au dernier jour, Sodome sera mieux traitée que cette ville. »

Prière sur les offrandes

Reçois favorablement, nous t'en prions, Seigneur, les dons présentés par ton peuple : que tous obtiennent par tes sacrements ce qu'ils proclament dans la ferveur de la foi. Par le Christ, notre Seigneur. — ***Amen.***

Antienne de la communion

Toi, tu promulgues
des préceptes à observer
entièrement.
Puissent mes voies s'affermir
à observer tes commandements !
(Ps 118, 4-5)

OU
Je suis le bon pasteur,
dit le Seigneur,
je connais mes brebis,
et mes brebis me connaissent.
(Jn 10, 14)

Prière après la communion

Dans ta bonté, Seigneur, fais que ton aide soutienne toujours ceux que tu as nourris de tes sacrements, afin qu'ils puissent, dans ces mystères et par toute leur vie, recueillir les fruits de la rédemption. Par le Christ, notre Seigneur. **— *Amen.***

INVITATION

Sainte Faustine, fêtée ce jour, a rappelé au monde l'amour miséricordieux du Seigneur. Par son intercession, je peux demander la confiance en Dieu et l'amour de mon prochain.

COMMENTAIRE

Le divin précepteur

Psaume 18B (19)

Évoquant les décisions du Seigneur, le psalmiste utilise des images d'une grande beauté : « Plus désirables que l'or, qu'une masse d'or fin, plus savoureuses que le miel qui coule des rayons. » Nous sommes loin d'un Dieu dont la toute-puissance s'imposerait à des créatures soumises. Notre Dieu est celui qui éveille notre désir le plus profond, celui d'une vie qui ne connaîtra pas de fin. Déjà se lève la lumière de la Résurrection. ■

***Bénédicte de la Croix,** cistercienne*

VENDREDI 6 OCTOBRE 2023

26E SEMAINE DU TEMPS ORDINAIRE COULEUR LITURGIQUE : VERT

Temps ordinaire, *suggestion d'oraisons et d'antiennes n° 26*
ou **saint Bruno**

Antienne d'ouverture

Tout ce que tu nous as infligé, Seigneur, tu l'as fait par un jugement de vérité, car nous avons péché contre toi, nous n'avons pas obéi à tes commandements ; mais glorifie ton nom, et agis envers nous selon l'abondance de ta miséricorde. (cf. Dn 3, 31.29.30.43.42)

Prière

Seigneur Dieu, quand tu pardonnes et prends pitié, tu manifestes au plus haut point ta toute-puissance ; multiplie pour nous les dons de ta grâce : alors, en nous hâtant vers les biens que tu promets, nous aurons part au bonheur du ciel. Par Jésus… ***— Amen.***

Lecture

du livre du prophète Baruc (1, 15-22)

« Nous avons péché contre le Seigneur, nous lui avons désobéi »

Au Seigneur notre Dieu appartient la justice, mais à nous la honte sur le visage comme on le voit aujourd'hui : honte pour l'homme de Juda et les habitants de Jérusalem, pour nos rois et nos chefs, pour nos prêtres, nos prophètes et nos pères ; oui, nous avons péché contre

le Seigneur, nous lui avons désobéi, nous n'avons pas écouté la voix du Seigneur notre Dieu, qui nous disait de suivre les préceptes que le Seigneur nous avait mis sous les yeux. Depuis le jour où le Seigneur a fait sortir nos pères du pays d'Égypte jusqu'à ce jour, nous n'avons pas cessé de désobéir au Seigneur notre Dieu ; dans notre légèreté, nous n'avons pas écouté sa voix. Aussi, comme on le voit aujourd'hui, le malheur s'est attaché à nous, avec la malédiction que le Seigneur avait fait prononcer par son serviteur Moïse, au jour où il a fait sortir nos pères du pays d'Égypte pour nous donner une terre ruisselant de lait et de miel. Nous n'avons pas écouté la voix du Seigneur notre Dieu, à travers toutes les paroles des prophètes qu'il nous envoyait. Chacun de nous, selon la pensée de son cœur mauvais, est allé servir d'autres dieux et faire ce qui est mal aux yeux du Seigneur notre Dieu.
– Parole du Seigneur.

Psaume 78 (79)

℟ ***Pour la gloire de ton nom, Seigneur, délivre-nous !***

Dieu, les païens ont envahi ton domaine ;
ils ont souillé ton temple sacré
et mis Jérusalem en ruines.
Ils ont livré les cadavres de tes serviteurs
en pâture aux rapaces du ciel
et la chair de tes fidèles,
aux bêtes de la terre. ℟

Ils ont versé le sang comme l'eau
aux alentours de Jérusalem :
les morts restaient sans sépulture.
Nous sommes la risée des voisins.
Combien de temps, Seigneur,
durera ta colère et brûlera
le feu de ta jalousie ? ℟

Ne retiens pas contre nous
les péch<u>é</u>s de nos ancêtres :
que nous vienne bientôt ta tendresse,
car nous sommes à bo<u>u</u>t de force !

Aide-nous, Die<u>u</u> notre Sauveur !
Délivre-nous, efface nos fautes,
pour la ca<u>u</u>se de ton nom ! ℟

Acclamation de l'Évangile

Alléluia. Alléluia. Aujourd'hui, ne fermez pas votre cœur, mais écoutez la voix du Seigneur. ***Alléluia.***

Évangile de Jésus Christ

selon saint Luc (10, 13-16)

« Celui qui me rejette rejette celui qui m'a envoyé »

En ce temps-là, Jésus disait : « Malheureuse es-tu, Corazine ! Malheureuse es-tu, Bethsaïde ! Car, si les miracles qui ont eu lieu chez vous avaient eu lieu à Tyr et à Sidon, il y a longtemps que leurs habitants auraient fait pénitence, avec le sac et la cendre. D'ailleurs, Tyr et Sidon seront mieux traitées que vous lors du Jugement. Et toi, Capharnaüm, seras-tu élevée jusqu'au ciel ? Non, jusqu'au séjour des morts tu descendras* !

« Celui qui vous écoute m'écoute ; celui qui vous rejette me rejette ; et celui qui me rejette rejette celui qui m'a envoyé. »

Prière sur les offrandes

Dieu de miséricorde, nous t'en prions, accueille cette offrande que nous te présentons : qu'elle ouvre largement pour nous la source de toute bénédiction. Par le Christ, notre Seigneur. — ***Amen.***

Antienne de la communion

Rappelle-toi ta parole
à ton serviteur, Seigneur,
celle dont tu fis mon espoir.
Elle est ma consolation
dans mon épreuve. (Ps 118, 49-50)

OU

Voici comment nous avons reconnu l'amour : lui, Jésus, a donné sa vie pour nous. Nous aussi, nous devons donner notre vie pour nos frères.
(1 Jn 3, 16)

Prière après la communion

Que le sacrement du ciel, Seigneur, guérisse nos esprits et nos corps, afin qu'annonçant la mort du Christ et participant à ses souffrances, nous héritions avec lui de sa gloire. Lui qui…
— ***Amen.***

INVITATION

Je peux aujourd'hui prier pour les Chartreux, dont l'ordre a été fondé par saint Bruno. Je peux aussi méditer devant les tableaux de la légende de saint Bruno par Le Sueur, au Louvre ou sur le site internet du musée.

COMMENTAIRE

Écoute, Israël Baruc 1, 15-22 ; Luc 10, 13-16

Baruc fait du défaut d'écoute la source de tous les malheurs d'Israël : « Dans notre légèreté, nous n'avons pas écouté sa voix. » Dieu parle à son peuple et aussi à l'intime de chacune de ses créatures. À son tour, Jésus insiste sur cette disposition. Saturés de mots, de bruits, de musique, sommes-nous encore capables de percevoir le doux murmure de l'Esprit, sa voix de fin silence, son écho dans les paroles de nos sœurs et de nos frères ? ■

Bénédicte de la Croix, *cistercienne*

❊ CLÉ DE LECTURE

« Tu descendras » Luc 10, 15 *(p. 50)*

Une lamentation sur les villes de Haute-Galilée, connues pour avoir été construites par les successeurs d'Hérode : Bethsaïde et Capharnaüm, peut-être Corazine. Des villes tournées vers le monde romain dont la fascination s'exerce sur les Juifs des environs. Il est probable que la première mission chrétienne a rencontré là des obstacles sérieux. Le texte fait alors écho à la tradition prophétique qui, depuis Isaïe, met en scène la chute vertigineuse du roi de Babylone qui s'égalait aux dieux (cf. Is 14, 13-15). Ainsi sont appliquées aux ambitions humaines les vieilles traditions ougaritiques ou grecques qui contaient la chute des divinités trop élevées. Jésus en inverse le chemin : lui est d'abord descendu dans la mort pour être alors élevé par le Père. ■

Roselyne Dupont-Roc, *bibliste*

SAMEDI 7 OCTOBRE 2023

COULEUR LITURGIQUE : BLANC

Bienheureuse Vierge Marie du Rosaire

Cette fête rappelle que la récitation du Rosaire, centrée sur les mystères de Jésus et de Marie, met la contemplation à la portée du peuple chrétien.

Antienne d'ouverture

Je te salue, Marie, comblée de grâce,
le Seigneur est avec toi :
tu es bénie entre toutes les femmes,
et le fruit de tes entrailles est béni. (cf. Lc 1, 28.42)

Prière

Nous te prions, Seigneur, de répandre ta grâce en nos cœurs ; par le message de l'ange, tu nous as fait connaître l'incarnation de ton Fils bien-aimé ; conduis-nous par sa passion et par sa croix, avec le secours de la bienheureuse Vierge Marie, jusqu'à la gloire de la résurrection. Par Jésus… ***— Amen.***

Lectures propres à la mémoire de la bienheureuse Vierge Marie du Rosaire.

Lecture

du livre des Actes des Apôtres (1, 12-14)

« Tous, d'un même cœur, étaient assidus à la prière, avec Marie la mère de Jésus »

Les Apôtres, après avoir vu Jésus s'en aller vers le ciel, retournèrent à Jérusalem depuis le lieu-dit « mont des Oliviers » qui en est proche, – la distance de marche ne dépasse pas ce qui est permis le jour du sabbat. À leur arrivée, ils montèrent dans la chambre haute où ils

se tenaient habituellement ; c'était Pierre, Jean, Jacques et André, Philippe et Thomas, Barthélemy et Matthieu, Jacques fils d'Alphée, Simon le Zélote, et Jude fils de Jacques. Tous, d'un même cœur, étaient assidus* à la prière, avec des femmes, avec Marie la mère de Jésus, et avec ses frères.

– Parole du Seigneur.

Cantique Luc 1, 46b-47, 48-49, 50-51, 52-53, 54-55

℟ ***Le Puissant fit pour moi des merveilles ; Saint est son nom !***

OU

Heureuse Vierge Marie qui portas en toi le Fils du Père éternel !

Mon âme exalte le Seigneur,
exulte mon esprit en Dieu mon Sauveur ! ℟

Il s'est penché sur son humble servante ;
désormais, tous les âges
me diront bienheureuse.
Le Puissant fit pour moi des merveilles ;
Saint est son nom ! ℟

Sa miséricorde s'étend d'âge en âge
sur ceux qui le craignent.
Déployant la force de son bras,
il disperse les superbes. ℟

Il renverse les puissants
de leurs trônes,
il élève les humbles.
Il comble de biens les affamés,
renvoie les riches les mains vides. ℟

Il relève Israël son serviteur,
il se souvient de son amour,
de la promesse faite à nos pères,
en faveur d'Abraham
et de sa descendance à jamais. ℟

Acclamation de l'Évangile

Alléluia. Alléluia. Je te salue, Marie, Comblée de grâce : le Seigneur est avec toi, tu es bénie entre les femmes. ***Alléluia.***

Évangile de Jésus Christ

selon saint Luc (1, 26-38)

« Voici que tu vas concevoir et enfanter un fils »

En ce temps-là, l'ange Gabriel fut envoyé par Dieu dans une ville de Galilée, appelée Nazareth, à une jeune fille vierge, accordée en mariage à un homme de la maison de David, appelé Joseph ; et le nom de la jeune fille était Marie. L'ange entra chez elle et dit : « Je te salue, Comblée-de-grâce, le Seigneur est avec toi. » À cette parole, elle fut toute bouleversée, et elle se demandait ce que pouvait signifier cette salutation.

L'ange lui dit alors : « Sois sans crainte, Marie, car tu as trouvé grâce auprès de Dieu. Voici que tu vas concevoir et enfanter un fils ; tu lui donneras le nom de Jésus. Il sera grand, il sera appelé Fils du Très-Haut ; le Seigneur Dieu lui donnera le trône de David son père ; il régnera pour toujours sur la maison de Jacob, et son règne n'aura pas de fin. »

Marie dit à l'ange : « Comment cela va-t-il se faire, puisque je ne connais pas d'homme ? »

L'ange lui répondit : « L'Esprit Saint viendra sur toi, et la puissance du Très-Haut te prendra sous son ombre ; c'est pourquoi celui qui va naître sera saint, il sera appelé Fils de Dieu. Or voici que, dans sa vieillesse, Élisabeth, ta parente, a conçu, elle aussi, un fils et en est à son sixième

mois, alors qu'on l'appelait la femme stérile. Car rien n'est impossible à Dieu. » Marie dit alors : « Voici la servante du Seigneur ; que tout m'advienne selon ta parole. » Alors l'ange la quitta.

Prière sur les offrandes

Nous te le demandons, Seigneur : fais que nous soyons accordés à cette offrande, et qu'en célébrant les mystères de ton Fils unique, nous soyons rendus dignes de ses promesses. Lui qui… **— *Amen.***

Préface de la Vierge Marie p. 224.

Antienne de la communion

Voici que tu vas concevoir
et enfanter un fils ;
tu lui donneras le nom de Jésus.
(Lc 1, 31)

Prière après la communion

Nous t'en prions, Seigneur notre Dieu, nous qui annonçons dans ce sacrement la mort et la résurrection de ton Fils : puisque nous prenons part à ses souffrances, donne-nous de trouver le réconfort et de partager sa gloire. Lui qui… **— *Amen.***

INVITATION

En cette mémoire de Notre-Dame du Rosaire, je peux prier le chapelet avec les pèlerins et la famille dominicaine réunis à Lourdes.

COMMENTAIRE

La clef du mystère

Luc 1, 26-38

En cette fête de Notre-Dame du Rosaire, l'Église nous propose le mystère joyeux de l'Annonciation. Commentant la réponse de Marie à l'ange, saint Bernard met sur les lèvres de la Vierge cette prière, aiguisée par son désir de femme follement consentante au dessein du Père : « Que la Parole qui dès l'origine était auprès de Dieu se fasse chair de ma chair selon ta parole. » Avec la même ardeur juvénile, faisons nôtre sa supplication ! ■

***Bénédicte de la Croix,** cistercienne*

✲ CLÉ DE LECTURE

« Étaient assidus »

Actes 1, 14 *(p. 54)*

Le verbe revient fréquemment dans ce début des Actes des Apôtres, souvent accompagné de l'adverbe « d'un même cœur ». Il insiste sur l'unité d'esprit et de cœur du groupe, mais surtout sur l'engagement profond qui rassemble ses membres. En effet, l'adverbe reprend un mot qui dit une forte passion et le verbe commence par une préposition de mouvement en avant. Plus que ne le dénote le français « assidus », les frères et les femmes sont tendus dans l'attente de ce qui doit venir. Une atmosphère de prière et d'urgence qui anime ensemble ceux qui sont là, portés par la promesse du Ressuscité : ils doivent recevoir l'Esprit, la force d'en haut, qui les poussera à se disperser pour porter à d'autres, toujours plus loin, la Bonne Nouvelle du salut. ■

***Roselyne Dupont-Roc,** bibliste*

DIMANCHE 8 OCTOBRE 2023

27E DIMANCHE DU TEMPS ORDINAIRE

ANNÉE A – COULEUR LITURGIQUE : VERT

« Ils respecteront mon Fils. » Comme le propriétaire de la vigne envers ses vignerons, Dieu ne cesse de croire en l'homme. Il a envoyé de nombreux prophètes, puis son propre Fils. Maltraité, rejeté, mis à mort, Jésus est devenu pierre d'angle pour l'Église et pour le monde. Ne craignons rien, le Ressuscité veille sur nous et sur le monde. Guidés par son Esprit, bâtissons un monde avec davantage de justice, de paix et de miséricorde.

RITES INITIAUX

Chant d'entrée *(Suggestions p. 244)*
OU
Antienne d'ouverture
Seigneur, tout est soumis à ta volonté, personne ne peut s'opposer à toi, car c'est toi qui as fait le ciel et la terre et toutes les merveilles qui sont sous le ciel. Tu es le Seigneur de l'univers. (Est 4, 17)

Suggestion de préparation pénitentielle *(ou p. 216)*
Dieu ne cesse de croire en l'homme. Avec confiance, tournons-nous vers le Seigneur et reconnaissons que nous sommes pécheurs.

Seigneur Jésus envoyé par le Père, tu appelles les hommes à revenir vers toi. Béni sois-tu et prends pitié de nous.
— Béni sois-tu et prends pitié de nous.
Ô Christ venu dans le monde, ton visage s'éclaire pour ceux qui se tournent vers toi. Béni sois-tu et prends pitié de nous.
— Béni sois-tu et prends pitié de nous.
Seigneur et prince de la paix, tu es devenu pierre d'angle pour le monde. Béni sois-tu et prends pitié de nous.
— Béni sois-tu et prends pitié de nous.

Que Dieu tout-puissant nous fasse miséricorde ; qu'il nous pardonne nos péchés et nous conduise à la vie éternelle. ***— Amen.***

Gloire à Dieu *(p. 218)*

Prière

Dieu éternel et tout-puissant, dans ta tendresse inépuisable, tu combles ceux qui t'implorent, bien au-delà de leurs mérites et de leurs désirs; répands sur nous ta miséricorde en délivrant notre conscience de ce qui l'inquiète et en donnant plus que nous n'osons demander. Par Jésus… ***— Amen.***

LITURGIE DE LA PAROLE

Lecture du livre du prophète Isaïe (5, 1-7)

« La vigne du Seigneur de l'univers, c'est la maison d'Israël »

Je veux chanter pour mon ami le chant du bien-aimé à sa vigne. Mon ami avait une vigne sur un coteau fertile. Il en retourna la terre, en retira les pierres, pour y mettre un plant de qualité. Au milieu, il bâtit une tour de garde et creusa aussi un pressoir. Il en attendait de beaux raisins, mais elle en donna de mauvais.

Et maintenant, habitants de Jérusalem, hommes de Juda, soyez donc juges entre moi et ma vigne ! Pouvais-je faire pour ma vigne plus que je n'ai fait ? J'attendais de beaux raisins, pourquoi en a-t-elle donné de mauvais ? Eh bien, je vais vous apprendre ce que je ferai de ma vigne : enlever sa clôture pour qu'elle soit dévorée par les animaux, ouvrir une brèche dans son mur pour qu'elle soit piétinée. J'en ferai une pente désolée ; elle ne sera ni taillée ni sarclée, il y poussera des épines et des ronces ; j'interdirai aux nuages

d'y faire tomber la pluie. La vigne du Seigneur de l'univers, c'est la maison d'Israël. Le plant qu'il chérissait, ce sont les hommes de Juda. Il en attendait le droit, et voici le crime ; il en attendait la justice, et voici les cris. – Parole du Seigneur.

Psaume 79 (80)

℟ ***La vigne du Seigneur de l'univers, c'est la maison d'Israël.***

T. : AELF ; M. : T. Ospital ; Éd. : ADF.

La vigne que tu as prise à l'Égypte,
tu la replantes en chassant des nations.
Elle étendait ses sarments jusqu'à la mer,
et ses rejets, jusqu'au Fleuve. ℟

Retrouvez ce psaume sur le CD "Les psaumes de l'année A"

℟ ***La vigne du Seigneur de l'univers, c'est la maison d'Israël.***

Pourquoi as-tu percé sa clôture ?
Tous les passants y grappillent en chemin ;
le sanglier des forêts la ravage
et les bêtes des champs la broutent. ℟

Dieu de l'univers, reviens !
Du haut des cieux, regarde et vois :
visite cette vigne, protège-la,
celle qu'a plantée ta main puissante. ℟

Jamais plus nous n'irons loin de toi :
fais-nous vivre et invoquer ton nom !
Seigneur, Dieu de l'univers, fais-nous revenir ;
que ton visage s'éclaire, et nous serons sauvés. ℟

Lecture de la lettre de saint Paul apôtre aux Philippiens (4, 6-9)

« Mettez cela en pratique. Et le Dieu de la paix sera avec vous »

Frères, ne soyez inquiets de rien, mais, en toute circonstance, priez et suppliez, tout en rendant grâce, pour faire connaître à Dieu vos demandes. Et la paix de Dieu, qui dépasse tout ce qu'on peut concevoir, gardera vos cœurs et vos pensées dans le Christ Jésus. Enfin, mes frères, tout ce qui est vrai et noble, tout ce qui est juste et pur, tout ce qui est digne d'être aimé et honoré, tout ce qui s'appelle vertu et qui mérite des éloges, tout cela, prenez-le

en compte. Ce que vous avez appris et reçu, ce que vous avez vu et entendu de moi, mettez-le en pratique. Et le Dieu de la paix sera avec vous. – Parole du Seigneur.

Acclamation de l'Évangile

Alléluia. Alléluia. C'est moi qui vous ai choisis, afin que vous alliez, que vous portiez du fruit, et que votre fruit demeure, dit le Seigneur. ***Alléluia.***

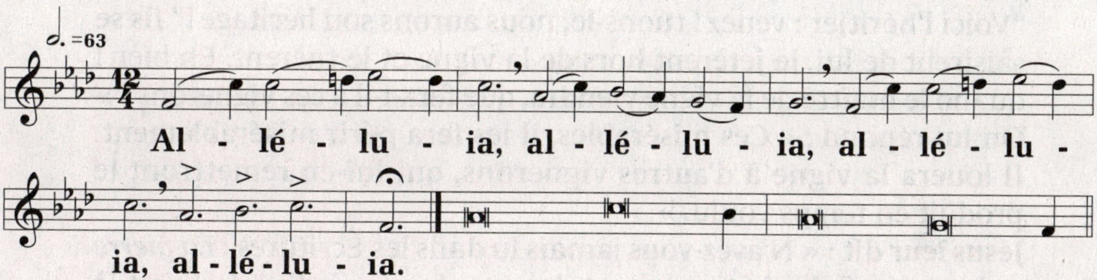

U 27-30; M. : J.-P. Lécot; P. Zech.

Évangile de Jésus Christ selon saint Matthieu (21, 33-43)

« Il louera la vigne à d'autres vignerons »

En ce temps-là, Jésus disait aux grands prêtres et aux anciens du peuple : « Écoutez cette parabole : Un homme était propriétaire d'un domaine ; il planta une vigne, l'entoura d'une clôture,

y creusa un pressoir et bâtit une tour de garde. Puis il loua cette vigne à des vignerons, et partit en voyage. Quand arriva le temps des fruits, il envoya ses serviteurs auprès des vignerons pour se faire remettre le produit de sa vigne. Mais les vignerons se saisirent des serviteurs, frappèrent l'un, tuèrent l'autre, lapidèrent le troisième. De nouveau, le propriétaire envoya d'autres serviteurs plus nombreux que les premiers ; mais on les traita de la même façon. Finalement, il leur envoya son fils, en se disant : "Ils respecteront mon fils." Mais, voyant le fils, les vignerons se dirent entre eux : "Voici l'héritier : venez ! tuons-le, nous aurons son héritage !" Ils se saisirent de lui, le jetèrent hors de la vigne et le tuèrent. Eh bien ! quand le maître de la vigne viendra, que fera-t-il à ces vignerons ? »
On lui répond : « Ces misérables, il les fera périr misérablement. Il louera la vigne à d'autres vignerons, qui lui en remettront le produit en temps voulu. »
Jésus leur dit : « N'avez-vous jamais lu dans les Écritures : *La pierre qu'ont rejetée les bâtisseurs est devenue la pierre d'angle : c'est là l'œuvre du Seigneur, la merveille devant nos yeux !* Aussi, je vous le dis : Le royaume de Dieu vous sera enlevé pour être donné à une nation qui lui fera produire ses fruits. »

Homélie

Profession de foi *(p. 219)*

Suggestion de prière universelle

Le prêtre :

« La pierre qu'ont rejetée les bâtisseurs est devenue la pierre d'angle. »
Avec confiance, prions le Christ pour l'Église et pour le monde.

℟ ***Seigneur, écoute-nous, Seigneur, exauce-nous !***

Y27 - SM.

Le diacre ou un lecteur :

Ô Christ, nous te prions pour l'Église en synode. Qu'elle se laisse guider par l'Esprit Saint vers les périphéries du monde. Avec l'Église universelle, nous te prions. ℟

Ô Christ, nous te prions pour les décideurs politiques et économiques. Qu'ils soient des pierres d'angle pour un monde plus juste et plus fraternel. Avec foi, nous te prions. ℟

Ô Christ, nous te prions pour les personnes rongées par l'angoisse et l'inquiétude. Qu'elles trouvent auprès de toi une paix qui dépasse tout ce qu'on peut concevoir. De tout notre cœur, nous te prions. ℟

Ô Christ, nous te prions pour notre assemblée réunie en ce jour. Qu'elle ne cesse de prier, de supplier et de rendre grâce à Dieu ton Père. Avec l'apôtre Paul, nous te prions. ℟

(Ces intentions seront adaptées ou modifiées selon les circonstances.)

Le prêtre :

Seigneur Jésus, toi la pierre d'angle sur laquelle nous pouvons nous appuyer, exauce toutes nos prières, toi qui vis et règnes pour les siècles des siècles. **— *Amen.***

LITURGIE EUCHARISTIQUE

Prière sur les offrandes

Accueille, Seigneur, nous t'en prions, le sacrifice que tu as toi-même institué : dans les saints mystères que nous célébrons pour te servir comme il convient, sanctifie-nous pleinement par ton œuvre de rédemption. Par le Christ, notre Seigneur. **— *Amen.***

Prière eucharistique *(Préface des dimanches, p. 222)*

Chant de communion *(Suggestions p. 244)*

OU

Antienne de la communion

Le Seigneur est bon pour qui se tourne vers lui,
pour l'âme qui le cherche. (Lm 3, 25)

OU

Il y a un seul pain, et la multitude
que nous sommes est un seul corps,
car nous avons tous part à un seul pain
et à une seule coupe.
(cf. 1 Co 10, 17)

Prière après la communion

Dieu tout-puissant, nous t'en prions : par la communion à ce sacrement, comble notre soif et notre faim de toi ; afin que nous puissions devenir ce que nous avons reçu. Par le Christ, notre Seigneur.
— *Amen.*

RITE DE CONCLUSION

Bénédiction

Envoi

COMMENTAIRE DU DIMANCHE

Vincent Leclercq, prêtre assomptionniste

En mission dans la vigne de Dieu

La vigne des lectures de ce jour est à l'image de notre vie. Le Seigneur nous l'a donnée pour qu'elle fructifie. Le danger serait de nous comporter en propriétaires. La tentation, d'en garder le produit pour nous. Pourtant, rien ne réjouit davantage le Père que de recevoir ce qu'il nous a lui-même confié. N'oublions pas de lui offrir une large part de ce qui compose notre vie : le travail et le temps libre, l'action ou la réflexion. Dieu se réjouit de tout ce qui enrichit notre vie : notre couple, la vie de famille, l'amitié, nos relations professionnelles ou nos engagements en société. Rien ne lui est étranger car rien ne sort de son alliance avec nous. Son amour cultive en nous la fraternité. Il fait grandir la joie et donne la paix, comme le rappelle saint Paul. Une belle manière de cultiver le don de Dieu consiste à travailler à sa vigne.

Pour le prophète Isaïe, la vigne désigne le peuple de Dieu. Notre vie s'accomplit dans le service d'autrui. Accueillons-la comme une mission afin de donner le meilleur de nous aux autres.
L'Écriture résonne comme une mise en garde. Garder pour soi le don du Père revient à tuer le Fils et à tarir la source du don de Dieu en soi. N'échangeons pas ce que nous sommes, les enfants bien-aimés du Père, pour des choses. L'héritage appartient au Seigneur. Ce que nous possédons et ce que nous sommes lui reviennent.

L'appât du gain conduit les vignerons à commettre l'irréparable. Quelles dépendances m'empêchent de cultiver mon « jardin intérieur » ?

Rejeté par les siens, Jésus inaugure son royaume parmi nous. Comment devient-il la pierre d'angle d'une communauté ? ■

DIMANCHE 8 OCTOBRE 2023

Prions en Église junior

LIRE L'ÉVANGILE AVEC LES ENFANTS

CE QUE JE DÉCOUVRE

Jésus raconte ici sa propre histoire.
Il est le Fils de Dieu qui va être crucifié.
Heureusement, la bonté du Père est plus grande que la cruauté des hommes.
Et Dieu va transformer son Fils rejeté en Sauveur de l'humanité. C'est pour cela que Jésus dit que la pierre rejetée va devenir la « pierre d'angle ». Jésus est cette pierre d'angle.
À partir de cette pierre, Dieu va construire son royaume.

CE QUE JE VIS

Face à quelles situations as-tu déjà ressenti un sentiment d'injustice ?
Est-ce que tu as pu en parler à ta famille ou à tes amis ?
Plein de confiance, tourne-toi vers Dieu et confie-lui ce que tu trouves injuste.

Texte : Patricia Metzger. Illustrations : Marcelino Truong

MÉDITATION BIBLIQUE

27E DIMANCHE DU TEMPS ORDINAIRE

Livre du prophète Isaïe 5, 1-7

L'attente de Dieu

Par des paroles simples et imagées, la Bible nous rappelle que Dieu est d'abord un choix aimant, attentionné, confiant en la réussite de son peuple.

Le temps de la préparation

« Ce que vous avez appris et reçu, ce que vous avez vu et entendu de moi, mettez-le en pratique. Et le Dieu de la paix sera avec vous. » (Ph 4, 9)

Le temps de l'observation

Le peuple d'Israël est la vigne du Seigneur et il en prend soin. Il la met à part, il est présent à ses côtés, il se soucie d'écarter les bêtes sauvages et les pierres encombrantes. Il lui donne l'eau nécessaire à la croissance de beaux fruits. Sa confiance est telle que le pressoir est déjà installé pour transformer les grains à venir. Mais rien ne se passe comme prévu. Dieu constate que, malgré son attention et ses soins, les choses ne tournent pas comme il les avait envisagées, les fruits ne sont pas ceux attendus. **...**

… Le texte décrit la déception de Dieu qui, désappointé, menace de rendre cette vigne à l'état sauvage, de laisser le monde extérieur dévorer ce dont il avait tant pris soin. Mais les émotions révèlent ce à quoi on tient. La déception de Dieu montre l'envers du décor, à savoir sa lutte contre le chaos et le désordre, pour faire exister un petit peuple qui témoigne de l'action de Dieu pour lui.

Le temps de la méditation

Israël déçoit Dieu. Comme chacun d'entre nous. Nous n'arrivons pas à porter à maturité les fruits dont nous sommes capables, nous faisons de mauvais choix, gâchons les opportunités offertes, empêchons les autres de réaliser les leurs. Le peuple d'Israël ne fait pas mieux que nous mais il ne fait pas pire. C'est par sa ressemblance avec nous qu'il peut témoigner de l'action de Dieu à notre égard. C'est bien parce qu'Israël nous ressemble, dans le pire comme dans le meilleur, que nous pouvons comprendre quelque chose de nos vies à la lecture de la parole de Dieu. La Bible ne raconte pas le récit exemplaire d'un peuple parfait. Il décrit comment Dieu maintient tant bien que mal un dialogue et une relation avec des femmes et des hommes si faciles à détourner de la meilleure version d'eux-mêmes. Dieu râle, peste, regrette. Il le fait d'autant plus qu'il sait que son amour est irrévocable.

Le temps de la prière

« Du haut des cieux, regarde et vois : visite cette vigne, protège-la, celle qu'a plantée ta main puissante, le rejeton qui te doit sa force. » (Ps 79, 15-16) ■

Marie-Laure Durand, bibliste

Une prière *de Rodhain Kasuba, pour ce dimanche*

Donne-nous tes yeux, ton cœur…

Seigneur notre Dieu, qu'il est grand et insondable
le mystère de ta miséricorde !
Donne-nous tes yeux pour voir comme toi tu nous vois.
Donne-nous ton cœur pour être patients
comme toi tu sais nous attendre.
Malgré les ingratitudes de ton peuple,
malgré ses refus de te suivre,
tu as toujours su faire preuve de patience et de persévérance.
Tu as pris soin de lui, tu as marché à son rythme
et tu l'as attendu, chaque fois que ses pas ralentissaient.
Malgré nos révoltes et nos forfaitures,
malgré notre manque de reconnaissance,
toi, tu nous fais profondément confiance.
Tu nous appelles encore à collaborer
à l'avènement de ton royaume.
Seigneur, nous t'en rendons grâce !

DES IMAGES POUR LA FOI

27E DIMANCHE DU TEMPS ORDINAIRE

Le pressoir de la Croix

La parabole des vignerons homicides n'est pas sans nous faire penser à la mort de Jésus, victime innocente donnant sa vie pour la multitude.

C'est au sommet d'une petite colline, sur un terrain dégagé au milieu de buissons aux fleurs blanches, que le propriétaire a installé sa vigne. Pour la protéger des convoitises animales comme humaines, l'homme l'a entourée d'une clôture en plessis (bois tressé) et y a fait construire une tour défensive. Ces précautions prises, le propriétaire ne pouvait imaginer qu'un plus grave danger viendrait de l'intérieur. Les vignerons qui avaient accepté la gestion du domaine cherchaient uniquement à se l'approprier. Sans scrupule, ils assassinent les envoyés du maître venus chercher le produit de la récolte. Le peintre qui a illustré cet ouvrage ne cherche pas à dissimuler leur violence. Alors que deux victimes sanguinolentes gisent déjà au pied de la tour, les malfrats achèvent à coups de pioche un troisième envoyé. Ces victimes innocentes nous font penser à la mort du Fils qui, en passant par le « pressoir de la Croix », donnera son sang pour la multitude. Dans le champ, les piquets de bois et les grappes qui y sont accrochées l'évoquent symboliquement. ■

Dominique Pierre,
journaliste

Vignerons homicides, illustration du *Miroir de l'humaine salvation,* (1455). Musée de Condé, Chantilly (60).

LUNDI 9 OCTOBRE 2023

27E SEMAINE DU TEMPS ORDINAIRE COULEUR LITURGIQUE : VERT

Temps ordinaire, *suggestion d'oraisons et d'antiennes n° 27*
ou **saint Denis et ses compagnons**
ou **saint Jean Léonardi**

Antienne d'ouverture

Seigneur, tout est soumis à ta volonté,
personne ne peut s'opposer à toi,
car c'est toi qui as fait le ciel et la terre
et toutes les merveilles qui sont sous le ciel.
Tu es le Seigneur de l'univers. (Est 4, 17)

Prière

Dieu éternel et tout-puissant, dans ta tendresse inépuisable, tu combles ceux qui t'implorent, bien au-delà de leurs mérites et de leurs désirs ; répands sur nous ta miséricorde en délivrant notre conscience de ce qui l'inquiète et en donnant plus que nous n'osons demander. Par Jésus… ***— Amen.***

Lecture

du livre du prophète Jonas (1, 1 – 2, 1.11)

« Jonas se leva, mais pour s'enfuir loin de la face du Seigneur »

La parole du Seigneur fut adressée à Jonas, fils d'Amittaï : « Lève-toi, va à Ninive, la grande ville païenne, et proclame que sa méchanceté est montée jusqu'à moi. » Jonas se leva, mais pour s'enfuir à Tarsis, loin de la face du Seigneur. Descendu à Jaffa, il trouva un navire en partance pour

Tarsis. Il paya son passage et s'embarqua pour s'y rendre, loin de la face du Seigneur. Mais le Seigneur lança sur la mer un vent violent, et il s'éleva une grande tempête, au point que le navire menaçait de se briser. Les matelots prirent peur; ils crièrent chacun vers son dieu et, pour s'alléger, lancèrent la cargaison à la mer. Or, Jonas était descendu dans la cale du navire, il s'était couché et dormait d'un sommeil mystérieux. Le capitaine alla le trouver et lui dit : « Qu'est-ce que tu fais ? Tu dors ? Lève-toi ! Invoque ton dieu. Peut-être que ce dieu s'occupera de nous pour nous empêcher de périr. » Et les matelots se disaient entre eux : « Tirons au sort pour savoir à qui nous devons ce malheur. » Ils tirèrent au sort, et le sort tomba sur Jonas. Ils lui demandèrent : « Dis-nous donc d'où nous vient ce malheur. Quel est ton métier ? D'où viens-tu ? Quel est ton pays ? De quel peuple es-tu ? » Jonas leur répondit : « Je suis hébreu, moi, je crains le Seigneur, le Dieu du ciel, qui a fait la mer et la terre ferme. » Les matelots furent saisis d'une grande peur et lui dirent : « Qu'est-ce que tu as fait là ? » Car ces hommes savaient, d'après ce qu'il leur avait dit, qu'il fuyait la face du Seigneur. Ils lui demandèrent : « Qu'est-ce que nous devons faire de toi, pour que la mer se calme autour de nous ? » Car la mer était de plus en plus furieuse. Il leur répondit : « Prenez-moi, jetez-moi à la mer, pour que la mer se calme autour de vous. Car, je le reconnais, c'est à cause de moi que cette grande tempête vous assaille. » Les matelots ramèrent pour regagner la terre, mais sans y parvenir, car la mer était de plus en plus furieuse autour d'eux. Ils invoquèrent alors le Seigneur : « Ah ! Seigneur, ne nous fais pas mourir à cause de cet homme, et ne nous rends pas responsables de la mort d'un innocent, car toi, tu es le Seigneur : ce que tu as voulu, tu l'as fait. » Puis ils prirent Jonas et le jetèrent à la mer. Alors la fureur de la mer tomba. Les hommes furent saisis par la crainte du Seigneur ; ils lui offrirent un sacrifice accompagné de vœux.

Le Seigneur donna l'ordre à un grand poisson d'engloutir Jonas. Jonas demeura dans les entrailles du poisson trois jours et trois nuits. Alors le Seigneur parla au poisson, et celui-ci rejeta Jonas sur la terre ferme.

– Parole du Seigneur.

Cantique Jonas 2-5.8

℟ ***Tu retires ma vie de la fosse, Seigneur mon Dieu.***

Dans ma détresse, je crie vers le Seigneur,
et lui me répond ;
du ventre des enfers j'appelle :
tu écoutes ma voix. ℟

Tu m'as jeté au plus profond du cœur des mers,
et le flot m'a cerné ;
tes ondes et tes vagues ensemble
ont passé sur moi. ℟

Et je dis : me voici rejeté
de devant tes yeux ;
pourrai-je revoir encore
ton temple saint ? ℟

Quand mon âme en moi défaillait,
je me souvins du Seigneur ;
et ma prière parvint jusqu'à toi
dans ton temple saint. ℟

Acclamation de l'Évangile

Alléluia. Alléluia. Je vous donne un commandement nouveau, dit le Seigneur : « Aimez-vous les uns les autres, comme je vous ai aimés. » ***Alléluia.***

Évangile de Jésus Christ

selon saint Luc (10, 25-37)

« Qui est mon prochain ? »

En ce temps-là, voici qu'un docteur de la Loi se leva et mit Jésus à l'épreuve en disant : « Maître, que dois-je faire pour avoir en héritage la vie éternelle ? » Jésus lui demanda : « Dans la Loi, qu'y a-t-il d'écrit ? Et comment lis-tu ? » L'autre répondit : « *Tu aimeras le Seigneur ton Dieu de tout ton cœur, de toute ton âme, de toute ta force et de toute ton intelligence, et ton prochain comme toi-même.* » Jésus lui dit : « Tu as répondu correctement. Fais ainsi et tu vivras. »

Mais lui, voulant se justifier, dit à Jésus : « Et qui est mon prochain ? » Jésus reprit la parole : « Un homme descendait de Jérusalem à Jéricho, et il tomba sur des bandits ; ceux-ci, après l'avoir dépouillé et roué de coups, s'en allèrent, le laissant à moitié mort. Par hasard, un prêtre descendait par ce chemin ; il le vit et passa de l'autre côté. De même un lévite arriva à cet endroit ; il le vit et passa de l'autre côté. Mais un Samaritain, qui était en route, arriva près de lui ; il le vit et fut saisi de compassion. Il s'approcha, et pansa ses blessures en y versant de l'huile et du vin ; puis il le chargea sur sa propre monture, le conduisit dans une auberge et prit soin de lui. Le lendemain, il sortit deux pièces d'argent, et les donna à l'aubergiste, en lui disant : "Prends soin de lui* ; tout ce que tu auras dépensé en plus, je te le rendrai quand je repasserai." Lequel des trois, à ton avis, a été le prochain de l'homme tombé aux mains des bandits ? » Le docteur de la Loi répondit : « Celui qui a fait preuve de pitié envers lui. » Jésus lui dit : « Va, et toi aussi, fais de même. »

Prière sur les offrandes

Accueille, Seigneur, nous t'en prions, le sacrifice que tu as toi-même institué : dans les saints mystères que nous célébrons pour te servir comme il convient, sanctifie-nous pleinement par ton œuvre de rédemption. Par le Christ, notre Seigneur. **— *Amen.***

Antienne de la communion

Le Seigneur est bon
pour qui se tourne vers lui,
pour l'âme qui le cherche.
(Lm 3, 25)

OU

Il y a un seul pain, et la multitude
que nous sommes est un seul corps,
car nous avons tous part à un seul
pain et à une seule coupe.
(cf. 1 Co 10, 17)

Prière après la communion

Dieu tout-puissant, nous t'en prions : par la communion à ce sacrement, comble notre soif et notre faim de toi ; afin que nous puissions devenir ce que nous avons reçu. Par le Christ, notre Seigneur. **— *Amen.***

INVITATION

Lorsque je traverse des moments de détresse, est-ce que j'ose crier vers le Seigneur, comme le psalmiste ?

COMMENTAIRE

Tant de bonnes raisons… Luc 10, 25-37

« Qui est mon prochain ? » En écho à « Est-ce que je suis, moi, le gardien de mon frère ? » de la Genèse (Gn 4, 9). À ces questions, diverses réponses. Il y a ceux qui passent sans voir ni s'arrêter, sûrement pour de bonnes raisons. Il y a celui qui s'arrête et prend soin. Un étranger se fait prochain, gardien. Sur notre route tant de blessés, tant de bonnes raisons… Mais un unique commandement : « Va et, toi aussi, fais de même ! » ■

***Colette Hamza**, xavière*

✲ CLÉ DE LECTURE

« Prends soin de lui » Luc 10, 35 *(p. 79)*

On n'en finit pas de découvrir la richesse de cette parabole qui fait du Samaritain, honni par les Juifs observants, la figure même du Christ compatissant. Jusque dans le détail, le texte est fascinant. On découvre ainsi dans le grec un marqueur propre à l'action du Samaritain : cinq fois en deux versets (34, 35), revient le préverbe « epi » qui signifie « sur ». Le Samaritain verse de l'huile et du vin sur les plaies du blessé, le charge sur sa propre monture, et prend soin de lui (littéralement « sur lui »). Puis il charge l'aubergiste de « prendre soin sur », jusqu'à ce que lui « repasse par là ». Figure d'une attention aimante qui va jusqu'au bout du soin donné, trouve des relais de confiance et, tout en se retirant, reste fidèle quoi qu'il arrive. ■

***Roselyne Dupont-Roc**, bibliste*

MARDI 10 OCTOBRE 2023

27E SEMAINE DU TEMPS ORDINAIRE COULEUR LITURGIQUE : VERT

Temps ordinaire, *suggestion d'oraisons et d'antiennes n° 28*

Antienne d'ouverture

Si tu retiens les fautes, Seigneur,
Seigneur, qui subsistera ?
Mais près de toi se trouve le pardon,
Dieu d'Israël. (cf. Ps 129, 3-4)

Prière

Nous t'en prions, Seigneur, que ta grâce nous devance et qu'elle nous accompagne toujours, pour nous rendre attentifs à faire le bien sans relâche. Par Jésus… ***— Amen.***

Lecture

du livre du prophète Jonas (3, 1-10)

« Voyant comment ils se détournaient de leur conduite mauvaise, Dieu renonça au châtiment »

La parole du Seigneur fut adressée de nouveau à Jonas : « Lève-toi, va à Ninive, la grande ville païenne, proclame le message que je te donne sur elle. » Jonas se leva et partit pour Ninive, selon la parole du Seigneur. Or, Ninive était une ville extraordinairement grande : il fallait trois jours pour la traverser. Jonas la parcourut une journée à peine en proclamant :

« Encore quarante jours, et Ninive sera détruite ! » Aussitôt, les gens de Ninive crurent en Dieu. Ils annoncèrent un jeûne, et tous, du plus grand au plus petit, se vêtirent de toile à sac. La chose arriva jusqu'au roi de Ninive. Il se leva de son trône, quitta son manteau, se couvrit d'une toile à sac, et s'assit sur la cendre. Puis il fit crier dans Ninive ce décret du roi et de ses grands : « Hommes et bêtes, gros et petit bétail, ne goûteront à rien, ne mangeront pas et ne boiront pas. Hommes et bêtes, on se couvrira de toile à sac, on criera vers Dieu de toute sa force, chacun se détournera de sa conduite mauvaise et de ses actes de violence. Qui sait si Dieu ne se ravisera pas et ne se repentira pas, s'il ne reviendra pas de l'ardeur de sa colère ? Et alors nous ne périrons pas ! »
En voyant leur réaction, et comment ils se détournaient de leur conduite mauvaise, Dieu renonça au châtiment dont il les avait menacés.
– Parole du Seigneur.

Psaume 129 (130)

℟ ***Si tu retiens les fautes, Seigneur, Seigneur, qui subsistera ?***

Des profondeurs je crie vers toi, Seigneur,
Seigneur, écoute mon appel !
Que ton oreille se fasse attentive
au cri de ma prière ! ℟

Si tu retiens les fautes, Seigneur,
Seigneur, qui subsistera ?
Mais près de toi se trouve le pardon
pour que l'homme te craigne. ℟

Oui, près du Seigneur, est l'amour ;
près de lui, abonde le rachat.
C'est lui qui rachètera Israël
de toutes ses fautes. ℟

Acclamation de l'Évangile

Alléluia. Alléluia. Heureux ceux qui écoutent la parole de Dieu, et qui la gardent ! ***Alléluia.***

Évangile de Jésus Christ

selon saint Luc (10, 38-42)

« Une femme nommée Marthe le reçut. Marie a choisi la meilleure part »

En ce temps-là, Jésus entra dans un village. Une femme nommée Marthe le reçut. Elle avait une sœur appelée Marie qui, s'étant assise aux pieds du Seigneur, écoutait sa parole. Quant à Marthe, elle était accaparée par les multiples occupations du service. Elle intervint et dit : « Seigneur, cela ne te fait rien que ma sœur m'ait laissé faire seule le service ? Dis-lui donc de m'aider. » Le Seigneur lui répondit : « Marthe, Marthe, tu te donnes du souci et tu t'agites pour bien des choses. Une seule est nécessaire. Marie a choisi la meilleure part, elle ne lui sera pas enlevée. »

Prière sur les offrandes

Avec l'offrande de ce sacrifice, accueille, Seigneur, les prières de tes fidèles ; que cette liturgie célébrée avec ferveur nous fasse parvenir à la gloire du ciel. Par le Christ, notre Seigneur. ***— Amen.***

Antienne de la communion

Des riches ont tout perdu,
ils ont faim ; qui cherche le Seigneur
ne manquera d'aucun bien.
(Ps 33, 11)

OU

Quand le Seigneur sera manifesté,
nous lui serons semblables
car nous le verrons tel qu'il est.
(cf. 1 Jn 3, 2)

Prière après la communion

Seigneur, Dieu de majesté, nous t'en supplions humblement : puisque tu nous as nourris du corps et du sang très saints, rends-nous participants de la nature divine. Par le Christ, notre Seigneur. — ***Amen.***

INVITATION

En cette Journée mondiale contre la peine capitale, je peux prier pour les personnes qui souhaitent se racheter de leur crime.

COMMENTAIRE

La part belle au présent

Luc 10, 38-42

Voilà une belle scène d'hospitalité avec deux figures d'un unique amour, de Dieu et du prochain. Marthe reçoit et sert Jésus ; Marie est à l'écoute de sa parole. Deux sœurs, une unique figure du disciple qui se nourrit de la Parole pour le service. N'oublions aucune part dans nos vies, car l'hospitalité, toujours, donne et reçoit à la fois, dans une présence au présent qu'est Dieu et à soi-même. ■

Colette Hamza*, xavière*

MERCREDI 11 OCTOBRE 2023

27E SEMAINE DU TEMPS ORDINAIRE COULEUR LITURGIQUE : VERT

Temps ordinaire, *suggestion d'oraisons et d'antiennes n° 29*
ou **saint Jean XXIII**

Antienne d'ouverture

Je t'appelle, toi, le Dieu qui répond :
écoute-moi, entends ce que je dis.
Garde-moi comme la prunelle de l'œil ;
à l'ombre de tes ailes, cache-moi.
(Ps 16, 6.8)

Prière

Dieu éternel et tout-puissant, fais-nous toujours agir pour toi d'une volonté ardente, et servir ta gloire d'un cœur sans partage. Par Jésus… — ***Amen.***

Lecture

du livre du prophète Jonas (4, 1-11)

« Toi, tu as pitié de ce ricin. Et moi, comment n'aurais-je pas pitié de Ninive, la grande ville ? »

Quand il vit que Dieu pardonnait aux habitants de Ninive, Jonas trouva la chose très mauvaise et se mit en colère. Il fit cette prière au Seigneur : « Ah ! Seigneur, je l'avais bien dit lorsque j'étais encore dans mon pays ! C'est pour cela que je m'étais d'abord enfui à Tarsis. Je savais bien que tu es un Dieu tendre et miséricordieux, lent à la colère et

plein d'amour, renonçant au châtiment. Eh bien, Seigneur, prends ma vie ; mieux vaut pour moi mourir que vivre. » Le Seigneur lui dit : « As-tu vraiment raison de te mettre en colère ? »
Jonas sortit de Ninive et s'assit à l'est de la ville. Là, il fit une hutte et s'assit dessous, à l'ombre, pour voir ce qui allait arriver dans la ville. Le Seigneur Dieu donna l'ordre à un arbuste, un ricin, de pousser au-dessus de Jonas pour donner de l'ombre à sa tête et le délivrer ainsi de sa mauvaise humeur. Jonas se réjouit d'une grande joie à cause du ricin. Mais le lendemain, à l'aube, Dieu donna l'ordre à un ver de piquer le ricin, et celui-ci se dessécha. Au lever du soleil, Dieu donna l'ordre au vent d'est de brûler ; Jonas fut frappé d'insolation. Se sentant défaillir, il demanda la mort et ajouta : « Mieux vaut pour moi mourir que vivre. » Dieu dit à Jonas : « As-tu vraiment raison de te mettre en colère au sujet de ce ricin ? » Il répondit : « Oui, j'ai bien raison de me mettre en colère jusqu'à souhaiter la mort. » Le Seigneur répliqua : « Toi, tu as pitié de ce ricin, qui ne t'a coûté aucun travail et que tu n'as pas fait grandir, qui a poussé en une nuit, et en une nuit a disparu. Et moi, comment n'aurais-je pas pitié* de Ninive, la grande ville, où, sans compter une foule d'animaux, il y a plus de cent vingt mille êtres humains qui ne distinguent pas encore leur droite de leur gauche ? »
– Parole du Seigneur.

MERCREDI 11 OCTOBRE 2023

Psaume 85 (86)

℟ ***Toi, Seigneur, Dieu de tendresse et de pitié !***

Prends pitié de moi, Seigneur,
toi que j'appelle chaque jour.
Seigneur, réjouis ton serviteur :
vers toi, j'élève mon âme ! ℟

Toi qui es bon et qui pardonnes,
plein d'amour
pour tous ceux qui t'appellent,
écoute ma prière, Seigneur,
entends ma voix qui te supplie. ℟

Toutes les nations, que tu as faites,
viendront se prosterner devant toi
et rendre gloire à ton nom, Seigneur,
car tu es grand et tu fais des merveilles,
toi, Dieu, le seul. ℟

Acclamation de l'Évangile

Alléluia. Alléluia. Vous avez reçu un Esprit qui fait de vous des fils ; c'est en lui que nous crions « *Abba* », Père. ***Alléluia.***

Évangile de Jésus Christ

selon saint Luc (11, 1-4)

« Seigneur, apprends-nous à prier »

Il arriva que Jésus, en un certain lieu, était en prière. Quand il eut terminé, un de ses disciples lui demanda : « Seigneur, apprends-nous à prier, comme Jean le Baptiste, lui aussi, l'a appris à ses disciples. » Il leur répondit : « Quand vous priez, dites : Père, que ton nom soit sanctifié, que ton règne vienne. Donne-nous le pain dont nous avons besoin pour chaque jour.

Pardonne-nous nos péchés, car nous-mêmes, nous pardonnons aussi à tous ceux qui ont des torts envers nous. Et ne nous laisse pas entrer en tentation. »

Prière sur les offrandes

Accorde-nous, Seigneur, nous t'en prions, de te servir d'un cœur libre en te présentant ces dons ; puissions-nous, par un effet de ta grâce, être purifiés par ces mystères que nous célébrons. Par le Christ, notre Seigneur. — ***Amen.***

Antienne de la communion

Le Seigneur veille sur ceux qui
le craignent, qui mettent leur espoir
en sa miséricorde, pour délivrer
leur âme de la mort, les nourrir
aux jours de famine. (cf. Ps 32, 18-19)

OU

Le Fils de l'homme est venu
pour donner sa vie en rançon
pour la multitude.
(cf. Mc 10, 45)

Prière après la communion

Accorde-nous, Seigneur, nous t'en prions, de progresser en participant aux réalités du ciel ; ainsi, nous serons soutenus par tes bienfaits en ce temps et façonnés par ceux de l'éternité. Par le Christ, notre Seigneur. — ***Amen.***

INVITATION

Et si je me procurais les explications de saint Thomas d'Aquin sur les sept demandes du Notre Père ?

COMMENTAIRE

« Notre » « Père » Luc 11, 1-4

Recevons nouvellement de Jésus ce don de la prière au Père. Laissons résonner chaque mot. « Notre », qui inclut tous les fils et filles dans une existence fraternelle. « Père », la source de nos vies. Le « nom » sanctifié : tous ces noms qui le nomment sans jamais faire le tour de son mystère et de son altérité. Le « règne » nous interrogeant : qui règne sur nos vies ? Égrenons et arrêtons-nous, là où nous trouvons du goût. ■

***Colette Hamza**, xavière*

✻ CLÉ DE LECTURE

« Comment n'aurais-je pas pitié [...] » Jonas 4, 11 *(p. 87)*

Le petit conte de Jonas nous rappelle à quel point la Bible sait manier l'humour, et l'attribuer à Dieu qui se moque gentiment de son prophète rétif et râleur. Jonas s'est fait son idée du pardon réservé à un petit nombre d'élus et de bons croyants. Il reflète le repli identitaire si fréquent au retour d'exil... et toutes nos réticences devant ceux qui ne vivent pas et ne croient pas comme nous. Alors Dieu s'amuse aux dépens de Jonas, en lui montrant que sa tendresse pour ses créatures va jusqu'à la plante que le soleil peut dessécher. Comment alors n'aurait-il pas pitié et miséricorde pour tous ceux qui ne le connaissent pas et s'épuisent dans la quête d'un mieux-vivre ? Le conte se termine sur ce point d'interrogation, renvoyé à chaque lecteur ! ■

***Roselyne Dupont-Roc**, bibliste*

JEUDI 12 OCTOBRE 2023

27E SEMAINE DU TEMPS ORDINAIRE COULEUR LITURGIQUE : VERT

Temps ordinaire, *suggestion d'oraisons et d'antiennes n° 30*

8 - 14

Antienne d'ouverture

Joie pour les cœurs qui cherchent Dieu. Cherchez le Seigneur, et vous serez affermis, recherchez sans trêve sa face. (cf. Ps 104, 3-4)

Prière

Dieu éternel et tout-puissant, augmente en nous la foi, l'espérance et la charité ; et pour que nous puissions obtenir ce que tu promets, fais-nous aimer ce que tu commandes. Par Jésus… — ***Amen.***

Lecture

du livre du prophète Malachie (3, 13-20a)

« Voici que vient le jour du Seigneur, brûlant comme la fournaise »

« Vous avez contre moi des paroles dures, – dit le Seigneur. Et vous osez demander : "Qu'avons-nous dit entre nous contre toi ?" Voici ce que vous avez dit : "Servir Dieu n'a pas de sens. À quoi bon garder ses observances, mener une vie sans joie en présence du Seigneur de l'univers ? Nous en venons à dire bienheureux les arrogants ; même ceux qui font le mal sont prospères, même s'ils mettent Dieu à l'épreuve, ils en réchappent !" » Alors ceux qui craignent le Seigneur s'exhortèrent mutuellement. Le Seigneur fut attentif et les écouta ; un livre fut écrit devant lui pour en

garder mémoire, en faveur de ceux qui le craignent et qui ont le souci de son nom. Le Seigneur de l'univers déclara : « Ils seront mon domaine particulier pour le jour que je prépare. Je serai indulgent envers eux, comme un homme est indulgent envers le fils qui le sert fidèlement. Vous verrez de nouveau qu'il y a une différence entre le juste et le méchant, entre celui qui sert Dieu et celui qui refuse de le servir. Voici que vient le jour du Seigneur*, brûlant comme la fournaise. Tous les arrogants, tous ceux qui commettent l'impiété, seront de la paille. Le jour qui vient les consumera, – dit le Seigneur de l'univers –, il ne leur laissera ni racine ni branche. Mais pour vous qui craignez mon nom, le Soleil de justice se lèvera : il apportera la guérison dans son rayonnement. »
– Parole du Seigneur.

Psaume 1

℟ ***Heureux est l'homme qui met sa foi dans le Seigneur.***

Heureux est l'homme qui n'entre pas
    au conseil des méchants,
qui ne suit pas le chemin des pécheurs,
ne siège pas avec ceux qui ricanent,
mais se plaît dans la loi du Seigneur
et murmure sa loi jour et nuit ! ℟

Il est comme un arbre planté
    près d'un ruisseau,
qui donne du fruit en son temps,
et jamais son feuillage ne meurt ;
tout ce qu'il entreprend réussira.
Tel n'est pas le sort des méchants. ℟

Mais ils sont comme la paille
    balayée par le vent.
Le Seigneur connaît le chemin des justes,
mais le chemin des méchants se perdra. ℟

Acclamation de l'Évangile

Alléluia. Alléluia. Seigneur, ouvre notre cœur pour nous rendre attentifs aux paroles de ton Fils. ***Alléluia.***

Évangile de Jésus Christ

selon saint Luc (11, 5-13)

« Demandez, on vous donnera »

En ce temps-là, Jésus disait à ses disciples : « Imaginez que l'un de vous ait un ami et aille le trouver au milieu de la nuit pour lui demander : "Mon ami, prête-moi trois pains, car un de mes amis est arrivé de voyage chez moi, et je n'ai rien à lui offrir." Et si, de l'intérieur, l'autre lui répond : "Ne viens pas m'importuner ! La porte est déjà fermée ; mes enfants et moi, nous sommes couchés. Je ne puis pas me lever pour te donner quelque chose." Eh bien ! je vous le dis : même s'il ne se lève pas pour donner par amitié, il se lèvera à cause du sans-gêne de cet ami, et il lui donnera tout ce qu'il lui faut. Moi, je vous dis : Demandez, on vous donnera ; cherchez, vous trouverez ; frappez, on vous ouvrira. En effet, quiconque demande reçoit ; qui cherche trouve ; à qui frappe, on ouvrira. Quel père parmi vous, quand son fils lui demande un poisson, lui donnera un serpent au lieu du poisson ? ou lui donnera un scorpion quand il demande un œuf ? Si donc vous, qui êtes mauvais, vous savez donner de bonnes choses à vos enfants, combien plus le Père du ciel donnera-t-il l'Esprit Saint à ceux qui le lui demandent ! »

JEUDI 12 OCTOBRE 2023

Prière sur les offrandes

Regarde les présents que nous t'offrons, nous t'en prions, Seigneur, Dieu de majesté : permets que notre célébration soit d'abord tournée vers ta gloire. Par le Christ, notre Seigneur. **— *Amen.***

Antienne de la communion

Nous trouverons la joie
en ton salut, et la grandeur
dans le nom de notre Dieu.
(cf. Ps 19, 6)

OU

Le Christ nous a aimés
et s'est livré lui-même pour nous,
s'offrant en sacrifice à Dieu,
comme un parfum d'agréable odeur.
(Ep 5, 2)

Prière après la communion

Que tes sacrements, Seigneur, nous t'en prions, achèvent de produire en nous ce qu'ils contiennent ; puissions-nous saisir dans sa pleine vérité ce que notre célébration préfigure aujourd'hui. Par le Christ, notre Seigneur. **— *Amen.***

INVITATION

Le peuple qu'évoque Malachie doute de la fidélité et de l'amour de Dieu. Dans ma prière, je peux rendre grâce pour l'amour constant de Dieu.

COMMENTAIRE

« Vous avez un message »

Luc 11, 5-13

Le passage de l'évangile de Luc qui est lu aujourd'hui constitue une mise en œuvre de la prière de demande, après l'enseignement sur le Notre Père. Demander avec impudence, sans se lasser malgré des portes fermées. Demander au risque de lasser ! Soyons-en sûrs : Dieu ne se lasse pas d'écouter et de répondre, même si c'est de manière déroutante parfois. « L'Esprit souffle où il veut » (cf. Jn 3, 8), mais toujours pour davantage de vie offerte à ceux et celles qui le prient. ■

***Colette Hamza**, xavière*

✲ CLÉ DE LECTURE

« Le jour du Seigneur »

Malachie 3, 19 *(p. 92)*

Ce dernier chapitre du prophète Malachie met en scène le désarroi de ceux qui craignent le Seigneur, souligné dans les psaumes (Ps 72) et orchestré par Job : pourquoi les méchants prospèrent-ils ? Une question qui traverse toute l'histoire humaine. Le Seigneur lui-même les entend, il porte leur question et répond. Cette réponse passe désormais par un écrit et parvient ainsi jusqu'à nous. Dieu nous propose de porter notre regard plus loin, et d'apercevoir déjà la venue du Jour. Consolation factice si la réalité du Jour ne nous avait déjà atteints. Car ce que Malachie annonce, les évangélistes le diront advenu : Jean Baptiste prépare les chemins du Seigneur, et Jésus l'affirme : si vous savez regarder, « le Royaume est parmi vous » (cf. Lc 17, 21). ■

***Roselyne Dupont-Roc**, bibliste*

VENDREDI 13 OCTOBRE 2023

27E SEMAINE DU TEMPS ORDINAIRE COULEUR LITURGIQUE : VERT

Temps ordinaire, *suggestion d'oraisons et d'antiennes n° 31*

Antienne d'ouverture

Ne m'abandonne jamais, Seigneur, mon Dieu,
ne sois pas loin de moi. Viens vite à mon aide,
Seigneur, force de mon salut ! (cf. Ps 37, 22-23)

Prière

Dieu de puissance et de miséricorde, c'est ta grâce qui donne à tes fidèles de pouvoir dignement te servir ; nous t'en prions : accorde-nous de courir sans que rien nous arrête vers les biens que tu promets. Par Jésus… ***— Amen.***

Lecture

du livre du prophète Joël (1, 13-15 ; 2, 1-2)

« Voici venir le jour du Seigneur, jour de ténèbres et d'obscurité »

Prêtres, mettez un vêtement de deuil, et pleurez ! Serviteurs de l'autel, faites entendre des lamentations ! Venez, serviteurs de mon Dieu, passez la nuit vêtus de toile à sac ! Car la maison de votre Dieu ne reçoit plus ni offrandes ni libations. Prescrivez un jeûne sacré, annoncez une fête solennelle, réunissez les anciens et tous les habitants du pays dans la maison du Seigneur votre Dieu. Criez vers le Seigneur : « Ah ! jour de malheur ! » Le jour du Seigneur est proche, il vient du Puissant comme un

fléau. Sonnez du cor dans Sion, faites retentir la clameur sur ma montagne sainte ! Qu'ils tremblent, tous les habitants du pays, car voici venir le jour du Seigneur, il est tout proche. Jour de ténèbres et d'obscurité, jour de nuages et de sombres nuées. Comme la nuit qui envahit les montagnes, voici un peuple nombreux et fort ; il n'y en a jamais eu de pareil et il n'y en aura plus dans les générations à venir. – Parole du Seigneur.

Psaume 9A

℟ ***Dieu jugera le monde avec justice.***

De tout mon cœur, Seigneur,
je rendrai grâce,
je dirai tes innombrables merveilles ;
pour toi, j'exulterai, je danserai,
je fêterai ton nom, Dieu Très-Haut. ℟

Tu menaces les nations,
tu fais périr les méchants,
à tout jamais tu effaces leur nom.

Ils sont tombés, les païens,
dans la fosse qu'ils creusaient ;
aux filets qu'ils ont tendus,
leurs pieds se sont pris. ℟

Mais il siège, le Seigneur, à jamais :
pour juger, il affermit son trône ;
il juge le monde avec justice
et gouverne les peuples avec droiture. ℟

Acclamation de l'Évangile

Alléluia. Alléluia. Maintenant le prince de ce monde va être jeté dehors, dit le Seigneur ; et moi, quand j'aurai été élevé de terre, j'attirerai à moi tous les hommes. ***Alléluia.***

Évangile de Jésus Christ

selon saint Luc (11, 15-26)

« Si c'est par le doigt de Dieu que j'expulse les démons, c'est donc que le règne de Dieu est venu jusqu'à vous »

En ce temps-là, comme Jésus avait expulsé un démon, certains dirent : « C'est par Béelzéboul, le chef des démons, qu'il expulse les démons. » D'autres, pour le mettre à l'épreuve, cherchaient à obtenir de lui un signe venant du ciel. Jésus, connaissant leurs pensées, leur dit : « Tout royaume divisé contre lui-même devient désert, ses maisons s'écroulent les unes sur les autres. Si Satan, lui aussi, est divisé contre lui-même, comment son royaume tiendra-t-il ? Vous dites en effet que c'est par Béelzéboul que j'expulse les démons. Mais si c'est par Béelzéboul que moi, je les expulse, vos disciples, par qui les expulsent-ils ? Dès lors, ils seront eux-mêmes vos juges. En revanche, si c'est par le doigt de Dieu que j'expulse les démons, c'est donc que le règne de Dieu est venu jusqu'à vous. Quand l'homme fort, et bien armé, garde son palais, tout ce qui lui appartient est en sécurité. Mais si un plus fort survient et triomphe de lui, il lui enlève son armement auquel il se fiait, et il distribue tout ce dont il l'a dépouillé. Celui qui n'est pas avec moi est contre moi ; celui qui ne rassemble pas avec moi disperse. Quand l'esprit impur est sorti de l'homme, il parcourt des lieux arides en cherchant où se reposer. Et il ne trouve pas. Alors il se dit : "Je vais retourner dans ma maison, d'où je suis sorti." En arrivant, il la trouve balayée et bien rangée. Alors il s'en va, et il prend d'autres esprits encore

plus mauvais que lui, au nombre de sept ; ils entrent et s'y installent. Ainsi, l'état de cet homme-là est pire à la fin* qu'au début. »

Prière sur les offrandes

Seigneur, que ce sacrifice devienne pour toi une offrande pure, et pour nous, le don généreux et saint de ta miséricorde. Par le Christ, notre Seigneur. – ***Amen.***

Antienne de la communion

Tu m'apprends, Seigneur,
le chemin de la vie :
devant ta face, débordement de joie !
(Ps 15, 11)

OU

De même que le Père,
qui est vivant, m'a envoyé,
et que moi je vis par le Père,
de même celui qui me mange,
lui aussi vivra par moi,
dit le Seigneur. (Jn 6, 57)

Prière après la communion

Nous t'en prions, Seigneur, augmente en nous la force de ton action, afin que, renouvelés par les sacrements du ciel, nous soyons préparés par ta grâce à recevoir les biens qu'ils promettent. Par le Christ, notre Seigneur. – ***Amen.***

INVITATION

Et si je prenais le temps de repérer les démons en moi ?
Je demande au Seigneur de m'en libérer.

COMMENTAIRE

Rassembler pour mieux régner Luc 11, 15-26

Jésus chasse des esprits mauvais et les scribes l'accusent d'être possédé par Béelzéboul, chef des démons. Ils voient comme un mal le bien que Jésus fait. Ils tordent la vérité, c'est là l'œuvre du Mauvais, distillant le venin de la division. Diviser, c'est la nature du diable. Celle de Dieu est d'unifier. Chacun est renvoyé à sa liberté d'accueillir ou non, de croire ou non. Avec lui, de rassembler. ■

***Colette Hamza**, xavière*

✻ CLÉ DE LECTURE

« Pire à la fin » Luc 11, 26 *(p. 99)*

La finale du long enseignement de Jésus sur la prière (Lc 11) paraît bien sévère. Seuls Matthieu et Luc soulignent le risque très fort de récidive dans les communautés chrétiennes à mesure que le temps passe et que les vieilles habitudes du paganisme environnant prennent le dessus. Le contexte nous éclaire : Jésus a souligné la nécessité de garder confiance dans une prière insistante et opiniâtre, et il met en garde fermement. Les assauts des démons ne sont-ils pas, alors, ceux de la désespérance ou de l'indifférence ? Pourquoi insister si Dieu ne répond pas, ne vaut-il pas mieux se fier aux multiples propositions ambiantes et gagner ce que l'on souhaite par soi-même, quitte à céder aux tentations de la division et de l'utilisation de la violence ? ■

***Roselyne Dupont-Roc**, bibliste*

SAMEDI 14 OCTOBRE 2023

27E SEMAINE DU TEMPS ORDINAIRE COULEUR LITURGIQUE : VERT

Temps ordinaire, *suggestion d'oraisons et d'antiennes n° 32*
ou **bienheureuse Vierge Marie,** *voir p. 105*
ou **saint Calixte Ier**

Antienne d'ouverture

**Que ma prière parvienne jusqu'à toi ;
ouvre ton oreille à ma plainte, Seigneur.**
(cf. Ps 87, 3)

Prière

Dieu de puissance et de miséricorde, éloigne de nous, dans ta bonté, tout ce qui nous arrête, afin que sans aucune entrave, ni d'esprit ni de corps, nous accomplissions d'un cœur libre ce qui vient de toi. Par Jésus… ***— Amen.***

Lecture

du livre du prophète Joël (4, 12-21)

« Lancez la faucille : la moisson est mûre »

Ainsi parle le Seigneur : « Que les nations se réveillent, qu'elles montent jusqu'à la vallée de Josaphat (dont le nom signifie : le Seigneur juge), car c'est là que je vais siéger pour juger tous les peuples qui vous entourent. Lancez la faucille : la moisson est mûre ; venez fouler la vendange : le pressoir est rempli et les cuves débordent de tout le mal qu'ils ont fait ! Voici des multitudes et encore des multitudes dans la vallée du Jugement ; il est tout proche, le jour du Seigneur dans la vallée du

Jugement ! Le soleil et la lune se sont obscurcis, les étoiles ont retiré leur clarté. De Sion, le Seigneur fait entendre un rugissement, de Jérusalem, il donne de la voix. Le ciel et la terre sont ébranlés, mais le Seigneur est un refuge pour son peuple, une forteresse pour les fils d'Israël. Vous saurez que je suis le Seigneur votre Dieu, qui demeure à Sion, sa montagne sainte. Jérusalem sera un lieu saint, les étrangers n'y passeront plus. Ce jour-là, le vin nouveau ruissellera sur les montagnes, le lait coulera sur les collines. Tous les torrents de Juda seront pleins d'eau, une source jaillira de la maison du Seigneur et arrosera le ravin des Acacias. L'Égypte sera vouée à la désolation, Édom sera un désert désolé, car ils ont multiplié les violences contre les fils de Juda, ils ont répandu leur sang innocent dans le pays. Mais il y aura toujours des habitants en Juda, ainsi qu'à Jérusalem, de génération en génération. Je vengerai leur sang, que je n'avais pas encore vengé. »
Et le Seigneur aura sa demeure à Sion.
– Parole du Seigneur.

Psaume 96 (97)

℟ ***Que le Seigneur soit votre joie, hommes justes !***

Le Seigneur est roi ! Exulte la terre !
Joie pour les îles sans nombre !
Ténèbre et nuée l'entourent,
justice et droit sont l'appui
de son trône. ℟

Les montagnes fondaient
comme cire devant le Seigneur,
devant le Maître de toute la terre.
Les cieux ont proclamé sa justice,
et tous les peuples ont vu sa gloire. ℟

Une lumière est semée pour le juste,
et pour le cœur simple, une joie.
Que le Seigneur soit votre joie, hommes justes ;
rendez grâce en rappelant son nom très saint. ℟

Acclamation de l'Évangile

Alléluia. Alléluia. Heureux ceux qui écoutent la parole de Dieu, et qui la gardent ! ***Alléluia.***

Évangile de Jésus Christ

selon saint Luc (11, 27-28)

« Heureuse la mère qui t'a porté en elle !
– Heureux plutôt ceux qui écoutent la parole de Dieu ! »

En ce temps-là, comme Jésus était en train de parler, une femme éleva la voix au milieu de la foule pour lui dire : « Heureuse la mère qui t'a porté en elle, et dont les seins t'ont nourri ! » Alors Jésus lui déclara : « Heureux plutôt ceux qui écoutent la parole de Dieu, et qui la gardent ! »

Prière sur les offrandes

Sur les offrandes que nous présentons pour le sacrifice, nous t'en prions, Seigneur, jette un regard favorable, afin que, par la ferveur de notre amour, nous obtenions ce que nous célébrons dans le mystère de la passion de ton Fils. Lui qui… ***— Amen.***

Antienne de la communion
Le Seigneur est mon berger : je ne manque de rien. Sur des prés d'herbe fraîche, il me fait reposer. Il me mène vers les eaux tranquilles et me fait revivre. (Ps 22, 1-2)
OU
Les disciples reconnurent le Seigneur Jésus à la fraction du pain, alléluia. (cf. Lc 24, 35)

Prière après la communion
Fortifiés par le don très saint que tu nous fais, Seigneur, nous te rendons grâce et nous implorons ta bonté : que, par le don de ton Esprit, ceux qui ont reçu la force d'en haut aient la grâce de persévérer dans la droiture. Par le Christ, notre Seigneur. ***— Amen.***

INVITATION

Calixte, fêté aujourd'hui, a été esclave avant de devenir pape. Je pourrais soutenir une organisation qui lutte contre l'esclavage moderne.

COMMENTAIRE

Du singulier au pluriel Luc 11, 27-28

Deux béatitudes dans ce passage d'Évangile. L'une est un cri de femme qui, à l'écoute de Jésus, déborde d'une action de grâce très charnelle pour les entrailles qui l'ont porté. L'autre est la réponse du Christ, une béatitude qui élargit, passant du singulier au pluriel, de la chair à l'esprit. Heureux ceux et celles qui, comme Marie, écoutent la Parole et la gardent pour l'enfanter au quotidien. ■

Colette Hamza, *xavière*

Bienheureuse Vierge Marie

Couleur liturgique : blanc ou vert

Les samedis du temps ordinaire sans mémoire obligatoire, on peut faire mémoire de la Vierge Marie, selon une tradition qui honore la foi et l'espérance sans défaut de Marie le Samedi saint.

Antienne d'ouverture

Bienheureuse es-tu, Vierge Marie :
tu as porté le Créateur de l'univers,
tu as mis au monde celui qui t'a faite,
et tu demeures toujours vierge.

Prière

Dieu de miséricorde, viens au secours de notre faiblesse : puisque nous faisons mémoire de la sainte Mère de Dieu, fais que, soutenus par son intercession, nous soyons relevés de nos péchés. Par Jésus… ***— Amen.***

OU

Que vienne à notre aide, Seigneur, nous t'en prions, l'admirable intercession de la bienheureuse Marie toujours vierge ; qu'elle nous obtienne la joie de vivre dans la paix que tu nous donnes, délivrés de tout péril. Par Jésus…
— Amen.

Prière sur les offrandes

En rendant hommage à la Mère de ton Fils, Seigneur, nous te supplions : que le sacrifice offert en ce jour fasse de nous, par le don de ta grâce, une éternelle offrande à ta gloire. Par le Christ, notre Seigneur. ***— Amen.***

Préface de la Vierge Marie, p. 224.

Antienne de la communion

Le Puissant fit pour moi des merveilles ; Saint est son nom. (Lc 1, 49)

Prière après la communion

Tu nous as fait participer à la rédemption éternelle, et nous te prions, Seigneur : alors que nous faisons mémoire de la Mère de ton Fils, comble-nous de la plénitude de ta grâce, et fais-nous éprouver toujours davantage les effets du salut. Par le Christ, notre Seigneur. ***— Amen.***

DIMANCHE 15 OCTOBRE 2023

28E DIMANCHE DU TEMPS ORDINAIRE

ANNÉE A - COULEUR LITURGIQUE : VERT

© Catherine Chion

« Le royaume des Cieux est comparable à un roi qui célébra les noces de son fils. » L'invitation est large. Le Seigneur offre son royaume à tous et à toutes. Il ne sélectionne pas ceux qui pourraient y avoir part. Accueillons cette invitation avec joie. Dilatons notre cœur aux dimensions du royaume et de l'amour de Dieu. Avec le Seigneur, allons à la croisée des chemins, annonçons avec allégresse la Bonne Nouvelle du Royaume.

RITES INITIAUX

Chant d'entrée *(Suggestions p. 244)*
OU
Antienne d'ouverture
Si tu retiens les fautes, Seigneur,
Seigneur, qui subsistera ? Mais près de toi
se trouve le pardon, Dieu d'Israël. (cf. Ps 129, 3-4)

Suggestion de préparation pénitentielle *(ou p. 216)*
« Le repas de noce est prêt, mais les invités n'en étaient pas dignes. » Avec confiance, tournons-nous vers le Seigneur, demandons-lui pardon pour tous nos péchés.

Seigneur Jésus, toi le Bon Berger, tu nous fais reposer sur des prés d'herbe fraîche. Kyrie, eleison.

— Kyrie, eleison.

Ô Christ, toi qui nous fais revivre, tu nous conduis par le juste chemin. Christe, eleison.

— Christe, eleison.

Seigneur, toi qui veilles sur nous à tout moment, tu nous guides et nous rassures. Kyrie, eleison.

— Kyrie, eleison.

Que Dieu tout-puissant nous fasse miséricorde ; qu'il nous pardonne nos péchés et nous conduise à la vie éternelle. ***— Amen.***

Gloire à Dieu *(p. 218)*

Prière

Nous t'en prions, Seigneur, que ta grâce nous devance et qu'elle nous accompagne toujours, pour nous rendre attentifs à faire le bien sans relâche. Par Jésus… ***— Amen.***

LITURGIE DE LA PAROLE

Lecture du livre du prophète Isaïe (25, 6-10a)

« Le Seigneur préparera un festin ;
il essuiera les larmes sur tous les visages »

Le Seigneur de l'univers préparera pour tous les peuples, sur sa montagne, un festin de viandes grasses et de vins capiteux, un festin de viandes succulentes et de vins décantés. Sur cette montagne, il fera disparaître le voile de deuil qui enveloppe tous les peuples et le linceul qui couvre toutes les nations. Il fera disparaître la mort pour toujours. Le Seigneur Dieu essuiera les larmes sur tous les visages, et par toute la terre il effacera l'humiliation de son peuple. Le Seigneur a parlé.

Et ce jour-là, on dira : « Voici notre Dieu, en lui nous espérions, et il nous a sauvés ; c'est lui le Seigneur, en lui nous espérions ; exultons, réjouissons-nous : il nous a sauvés ! » Car la main du Seigneur reposera sur cette montagne. – Parole du Seigneur.

Psaume 22 (23)

℟ *J'habiterai la maison du Seigneur pour la durée de mes jours.*

T. : AELF ; M. : J.-P. Lécot ; Éd. : ADF.

Le Seigneur est mon berger :
je ne manque de rien.
Sur des prés d'herbe fraîche,
il me fait reposer. ℟

Il me mène vers les eaux tranquilles
et me fait revivre ;
il me conduit par le juste chemin
pour l'honneur de son nom. ℟

Retrouvez ce psaume sur le CD "Les psaumes de l'année A"

℟ ***J'habiterai la maison du Seigneur pour la durée de mes jours.***

Si je traverse les ravins de la mort,
je ne crains aucun mal,
car tu es avec moi :
ton bâton me guide et me rassure. ℟

Tu prépares la table pour moi
devant mes ennemis ;
tu répands le parfum sur ma tête,
ma coupe est débordante. ℟

Grâce et bonheur m'accompagnent
tous les jours de ma vie ;
j'habiterai la maison du Seigneur
pour la durée de mes jours. ℟

Lecture de la lettre de saint Paul apôtre aux Philippiens

(4, 12-14.19-20)

« Je peux tout en celui qui me donne la force »

Frères, je sais vivre de peu, je sais aussi être dans l'abondance. J'ai été formé à tout et pour tout : à être rassasié et à souffrir la faim, à être dans l'abondance et dans les privations. Je peux tout en celui qui me donne la force. Cependant, vous avez bien fait de vous montrer solidaires quand j'étais dans la gêne. Et mon Dieu comblera tous vos besoins selon sa richesse, magnifiquement,

dans le Christ Jésus. Gloire à Dieu notre Père pour les siècles des siècles. Amen.
– Parole du Seigneur.

Acclamation de l'Évangile

Alléluia. Alléluia. Que le Père de notre Seigneur Jésus Christ ouvre à sa lumière les yeux de notre cœur, pour que nous percevions l'espérance que donne son appel. ***Alléluia.***

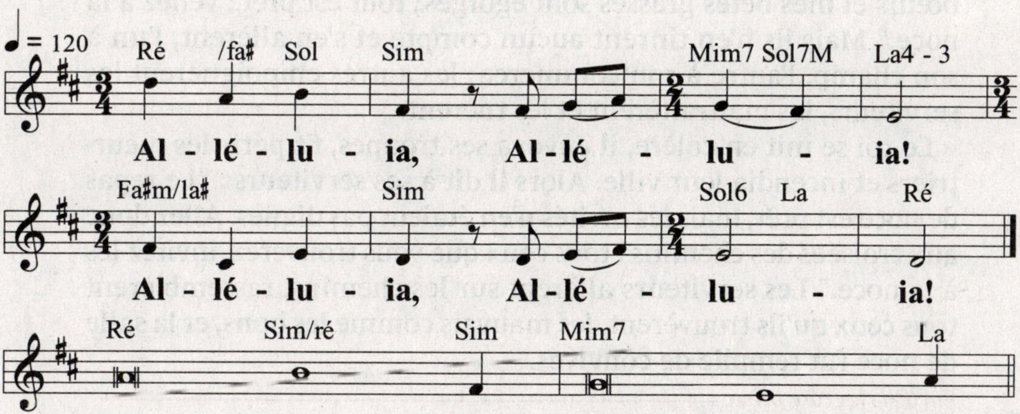

T. : AELF ; M. : P. Robert.

Évangile de Jésus Christ selon saint Matthieu (22, 1-14)

Lecture brève : 22, 1-10

« Tous ceux que vous trouverez, invitez-les à la noce »

En ce temps-là, Jésus se mit de nouveau à parler aux grands prêtres et aux pharisiens, et il leur dit en paraboles : « Le royaume des Cieux est comparable à un roi qui célébra les noces de son fils. Il envoya ses serviteurs appeler à la noce les invités, mais ceux-ci ne voulaient pas venir. Il envoya encore d'autres serviteurs dire aux invités : "Voilà : j'ai préparé mon banquet, mes bœufs et mes bêtes grasses sont égorgés ; tout est prêt : venez à la noce." Mais ils n'en tinrent aucun compte et s'en allèrent, l'un à son champ, l'autre à son commerce ; les autres empoignèrent les serviteurs, les maltraitèrent et les tuèrent.

« Le roi se mit en colère, il envoya ses troupes, fit périr les meurtriers et incendia leur ville. Alors il dit à ses serviteurs : "Le repas de noce est prêt, mais les invités n'en étaient pas dignes. Allez donc aux croisées des chemins : tous ceux que vous trouverez, invitez-les à la noce." Les serviteurs allèrent sur les chemins, rassemblèrent tous ceux qu'ils trouvèrent, les mauvais comme les bons, et la salle de noce fut remplie de convives.

Fin de la lecture brève

« Le roi entra pour examiner les convives, et là il vit un homme qui ne portait pas le vêtement de noce. Il lui dit : "Mon ami, comment es-tu entré ici, sans avoir le vêtement de noce ?" L'autre garda le silence. Alors le roi dit aux serviteurs : “Jetez-le, pieds et poings liés, dans les ténèbres du dehors ; là, il y aura des pleurs et des grincements de dents.” Car beaucoup sont appelés, mais peu sont élus. »

Homélie

Profession de foi *(p. 219)*

Suggestion de prière universelle

Le prêtre :

« Tous ceux que vous trouverez, invitez-les à la noce. » Dieu notre Père convie tous les hommes à son royaume. Prions-le pour tous les habitants de la terre.

℟ ***Dans ta miséricorde, Seigneur, écoute-nous.***

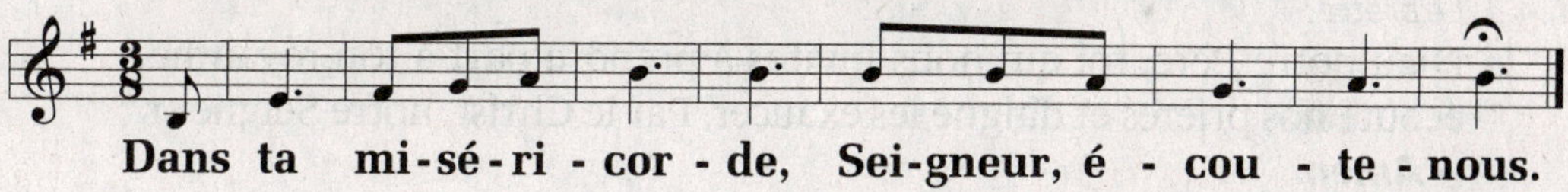

Éd. de l'Emmanuel ; M. : J.-M. Morin.

Le diacre ou un lecteur :

Dieu notre Père, loué sois-tu pour ton invitation large à accueillir ton royaume. Nous te prions pour l'Église en synode, appelée à adopter le dialogue comme style de vie à tous les niveaux. Avec toute l'Église, nous te prions. ℟

Dieu notre Père, loué sois-tu pour les politiciens chrétiens qui se battent pour un monde plus solidaire. Nous te confions tous les décideurs politiques et économiques de notre pays. Ensemble, nous te prions. ℟

Dieu notre Père, loué sois-tu pour les personnes qui annoncent sans compter la Bonne Nouvelle du Royaume. Nous te prions pour celles et ceux qui sont découragés, fatigués, abattus. Ensemble, nous te prions. ℟

Dieu notre Père, loué sois-tu pour ceux qui, parmi nous, se préparent au sacrement de mariage. Nous te prions pour ceux qui traversent des doutes ou remettent leur cheminement en question. Ensemble, nous te prions. ℟

(Ces intentions seront adaptées ou modifiées selon les circonstances.)

Le prêtre :

Dieu notre Père, toi qui nous invites à prendre part à ton royaume, écoute nos prières et daigne les exaucer. Par le Christ, notre Seigneur.
— Amen.

LITURGIE EUCHARISTIQUE

Prière sur les offrandes

Avec l'offrande de ce sacrifice, accueille, Seigneur, les prières de tes fidèles ; que cette liturgie célébrée avec ferveur nous fasse parvenir à la gloire du ciel. Par le Christ, notre Seigneur. ***— Amen.***

Prière eucharistique *(Préface des dimanches, p. 222)*

Chant de communion *(Suggestions p. 244)*
OU
Antienne de la communion
Des riches ont tout perdu, ils ont faim ;
qui cherche le Seigneur ne manquera d'aucun bien.
(Ps 33, 11)
OU
Quand le Seigneur sera manifesté,
nous lui serons semblables
car nous le verrons tel qu'il est.
(cf. 1 Jn 3, 2)

Prière après la communion
Seigneur, Dieu de majesté, nous t'en supplions humblement : puisque tu nous as nourris du corps et du sang très saints, rends-nous participants de la nature divine. Par le Christ, notre Seigneur. ***— Amen.***

RITE DE CONCLUSION

Bénédiction

Envoi

COMMENTAIRE DU DIMANCHE

Marie-Dominique Trébuchet, théologienne,
Institut catholique de Paris

De la noce au Royaume

Le langage de la parabole, dans l'évangile de ce dimanche, ouvre un monde dont nous sommes invités à franchir le seuil avec confiance et imagination, en nous laissant embarquer et surprendre. Jésus s'adresse à tout homme et toute femme qui se met à son écoute. Aujourd'hui nous est contée l'histoire d'une noce où chacun est embarqué ! Nous avons tous été conviés à une noce, ou nous en avons préparé une. Les images que nous en avons sont celles de la fébrilité : tout doit être prêt, beau, bon pour accueillir les convives, qui se font beaux et belles. C'est parce que le récit déclenche notre imaginaire que nous sommes aussi prêts à entendre la fureur du roi. Nous comprenons sa colère. Mais la parabole fait surgir de l'inattendu. La rancœur ne mène pas le roi à l'enfermement sur lui-même. Si grande qu'ait été sa déception, car ses amis l'ont offensé grandement, elle n'est pas mortifère. Bien au contraire, elle débouche sur une fécondité inouïe envers les miséreux, les abandonnés, les laissés-pour-compte. Nous pouvons imaginer leur surprise et leur joie mais, par-dessus tout, nous sommes émerveillés par leur réponse confiante. Elle manifeste qu'ils se sont sentis reconnus comme faisant partie de la noce, appelés à participer au festin, proches du roi qui faisait d'eux ses amis. Entrer dans le royaume de Dieu, une histoire de confiance et d'amour !

~

À quelle noce suis-je invité ?

Où l'inattendu de Dieu surgit-il dans ma vie ?
Suis-je à l'écoute, prêt à la confiance ? ■

Prions en Église Junior

LIRE L'ÉVANGILE AVEC LES ENFANTS

CE QUE JE DÉCOUVRE

Jésus compare le royaume de Dieu à une fête. Dieu y invite beaucoup de monde pour que la fête soit réussie. Mais certains invités sont trop occupés pour répondre à l'invitation. D'autres viennent, mais ils n'ont pas compris que **suivre Dieu, c'est changer de vie : ouvrir son cœur, aimer davantage !** La vie avec Dieu, c'est une fête où tout le monde est invité.

CE QUE JE VIS

Comment réagis-tu quand tu es invité à un anniversaire ou à un goûter ?
Comment te prépares-tu pour y aller ?
À la messe, c'est Jésus qui t'invite. Comment t'y prépares-tu ?
Prie avec ces mots : « Heureux les invités au repas des noces de l'Agneau ! » **(voir p. 243)**
Ces mots t'invitent à une fête avec Jésus !

Texte : Cédric Kuntz. Illustrations : Marcelino Truong

MÉDITATION BIBLIQUE

28E DIMANCHE DU TEMPS ORDINAIRE

Livre du prophète Isaïe 25, 6-10a

Voici notre Dieu

Si le texte d'Isaïe peut viser la fin des temps, il ne nous en donne pas moins des critères de discernement pour reconnaître, dès à présent, ces passages de Dieu dans nos vies qui nous aident à tisser la robe nuptiale de la confiance et de la gratitude.

Le temps de la préparation

« Seigneur, tu es mon Dieu, je t'exalte. » (Is 25, 1)

Le temps de l'observation

Les versets de la première lecture sont insérés dans un ensemble à teneur apocalyptique (Is 24-27), du premier livre d'Isaïe (Is 1-39). Après l'annonce du Jugement et de la dévastation du pays (Is 24), se fait entendre une action de grâce car Dieu a démoli la cité des tyrans. Elle est suivie d'un oracle de salut. « Ce jour-là » (Is 24, 21) peut renvoyer à un futur plus ou moins proche. Ce peut être la délivrance imminente de la pression des peuples voisins, comme semble le suggérer l'effacement de l'humiliation du peuple ; ou la fin des temps, eu égard à la destruction définitive de la mort. Quoi qu'il en soit, le salut **...**

… prend la figure d'un festin, sachant que les repas scellaient les sacrifices de communion et les célébrations d'alliance avec Dieu. Voile de deuil et linceul sont les symboles de la mort. Quant aux larmes, elles sont relatives à toutes les souffrances, qu'elles soient occasionnées par la mort, la violence ou l'humiliation. Le texte se finit par une nouvelle action de grâce qui semble se référer à la vie du monde présent.

Le temps de la méditation

Peut-être pouvons-nous faire nôtre la prière sur laquelle s'achève cette lecture ? L'espérance s'est avérée fondée : « En lui, nous espérions, et il nous a sauvés. » Rien n'est dit du laps de temps qui a séparé la promesse du salut de sa réalisation. Ce qui nous incite à nous demander comment nous nourrissons notre espérance. En faisant mémoire des moments de communion avec Dieu dans la prière, une célébration, à travers une relation ? En nous rappelant la levée de ces voiles de tristesse, de désespérance, de morosité qui nous séparaient de la réalité, des autres, de nous-mêmes ? En célébrant nos relevailles quand, alors que nous étions humiliés, à terre, Dieu nous a donné la force de continuer la route ? Ces pâques vécues au cœur de notre quotidien ne nous permettent-elles pas de discerner ses passages ? De quoi exulter d'une joie qui s'enracine dans la certitude de l'engagement de Dieu à nos côtés, pour nous ouvrir un avenir de bonheur.

Le temps de la prière

« Voici notre Dieu, en lui nous espérions et il nous a sauvés. » (Is 25, 9) ■

Emmanuelle Billoteau, ermite

LE SAINT DU MOIS

20 OCTOBRE : SAINTE MARIE-BERTILLE BOSCARDIN (1888-1922)

L'intelligence d'une « oie »

Marie-Bertille Boscardin fut-elle heureuse au moins une fois dans sa vie ? La question peut se poser, tant les moqueries, les humiliations et les souffrances furent son lot quasi quotidien. Enfant, dans son village de Brendola (Italie), cette fille de paysans était considérée comme lente d'esprit, ce qui lui valait bien des railleries : « *Sei solo un'oca* » (« Tu n'es qu'une oie »), lui répétait-on. Après son entrée en 1905, à 16 ans, chez les Sœurs de Sainte-Dorothée à Vicence, on lui proposa de devenir infirmière. Hélas, à son arrivée à l'hôpital de Trévise, la promesse ne fut pas tenue : la religieuse fut longtemps cantonnée dans d'autres tâches, avant qu'un problème d'effectif•••

© Gaëtan Évrard

••• ne lui permette enfin de se former et d'exercer comme infirmière. Coutumière des souffrances morales, Marie-Bertille connut aussi la souffrance physique : en 1910, on lui découvrit une tumeur qui, mal soignée, serait la cause de son décès. Dans cette vallée de larmes, la joie parvenait néanmoins à poindre. Sœur Marie-Bertille était heureuse lorsqu'un sourire naissait sur le visage d'un enfant malade qu'elle réconfortait. Elle se sentait utile lorsque, durant la Première Guerre mondiale, un des soldats qu'elle soignait se rétablissait. Mais au-delà de ces satisfactions ponctuelles, la grande lumière qui éclaira les ténèbres de son existence et lui donna le bonheur fut sa foi en Dieu, une foi simple, pure et profonde. Désireuse d'imiter le Christ, elle fit le choix de l'humilité, de la douceur, du service, du don d'elle-même. « Jésus comme modèle, Dieu comme but, Marie comme secours, moi comme sacrifice », écrivait-elle en un raccourci saisissant. Sainte Marie-Bertille Boscardin (canonisée en 1961 par saint Jean XXIII) n'était peut-être pas « intelligente » aux yeux du monde, mais elle l'était au regard de Dieu qui lui révéla « ce qu'il a caché aux sages et aux savants » (cf. Lc 10, 21). ■

Xavier Lecœur, journaliste et historien

UNE SAINTE POUR AUJOURD'HUI

À la mort de sainte Marie-Bertille, on découvrit sur elle un petit livre usé : le catéchisme de son enfance, qu'elle n'avait cessé de lire et de relire. Elle nous encourage à sortir de nos bibliothèques le *Catéchisme de l'Église catholique* et à nous en nourrir régulièrement.

LUNDI 16 OCTOBRE 2023

28[E] SEMAINE DU TEMPS ORDINAIRE COULEUR LITURGIQUE : VERT

Temps ordinaire, *suggestion d'oraisons et d'antiennes n° 33*
ou **sainte Edwige**
ou **sainte Marguerite-Marie Alacoque**

Antienne d'ouverture

Mes pensées, dit le Seigneur,
sont des pensées de paix et non de malheur.
Vous m'invoquerez, je vous écouterai,
et de partout je ramènerai vos captifs. (Jr 29, 11.12.14)

Prière

Seigneur notre Dieu, nous t'en prions : accorde-nous la joie de t'appartenir sans réserve, car c'est un bonheur durable et profond de servir constamment le créateur de tout bien. Par Jésus… ***— Amen.***

Lecture

de la lettre de saint Paul apôtre aux Romains (1, 1-7)

« Nous avons reçu par le Christ grâce et mission d'Apôtre,
afin d'amener à l'obéissance de la foi toutes les nations païennes »

Paul, serviteur du Christ Jésus, appelé à être Apôtre, mis à part pour l'Évangile de Dieu, à tous les bien-aimés de Dieu qui sont à Rome. Cet Évangile, que Dieu avait promis d'avance par ses prophètes dans les Saintes Écritures, concerne son Fils qui, selon la chair, est né de la descendance de David et, selon l'Esprit de sainteté, a été établi dans sa puissance

de Fils de Dieu par sa résurrection d'entre les morts, lui, Jésus Christ, notre Seigneur. Pour que son nom soit reconnu, nous avons reçu par lui grâce et mission d'Apôtre, afin d'amener à l'obéissance de la foi toutes les nations païennes, dont vous faites partie, vous aussi que Jésus Christ a appelés. À vous qui êtes appelés à être saints, la grâce et la paix de la part de Dieu notre Père et du Seigneur Jésus Christ. – Parole du Seigneur.

Psaume 97 (98)

℟ ***Le Seigneur a fait connaître son salut.***

Chantez au Seigneur un chant nouveau,
car il a fait des merveilles ;
par son bras très saint,
par sa main puissante,
il s'est assuré la victoire. ℟

Le Seigneur a fait connaître sa victoire
et révélé sa justice aux nations ;
il s'est rappelé sa fidélité, son amour,
en faveur de la maison d'Israël. ℟

La terre tout entière a vu
la victoire de notre Dieu.
Acclamez le Seigneur, terre entière,
sonnez, chantez, jouez ! ℟

Acclamation de l'Évangile

Alléluia. Alléluia. Aujourd'hui, ne fermez pas votre cœur, mais écoutez la voix du Seigneur. ***Alléluia.***

Évangile de Jésus Christ

selon saint Luc (11, 29-32)

« À cette génération, il ne sera donné que le signe de Jonas »

En ce temps-là, comme les foules s'amassaient, Jésus se mit à dire : « Cette génération est une génération mauvaise : elle cherche un signe, mais en fait de signe il ne lui sera donné que le signe de Jonas. Car Jonas a été un signe pour les habitants de Ninive ; il en sera de même avec le Fils de l'homme pour cette génération. Lors du Jugement, la reine de Saba se dressera en même temps que les hommes de cette génération, et elle les condamnera. En effet, elle est venue des extrémités de la terre pour écouter la sagesse de Salomon, et il y a ici bien plus que Salomon. Lors du Jugement, les habitants de Ninive se lèveront en même temps que cette génération, et ils la condamneront ; en effet, ils se sont convertis en réponse à la proclamation faite par Jonas, et il y a ici bien plus que Jonas. »

Prière sur les offrandes

Nous t'en prions, Seigneur, Dieu de majesté : regarde les présents que nous t'offrons, et permets qu'ils nous obtiennent la grâce de te servir et de parvenir ainsi à l'éternité bienheureuse. Par le Christ, notre Seigneur. — ***Amen.***

Antienne de la communion

Pour moi, il est bon de m'attacher
à Dieu, de mettre mon espoir
dans le Seigneur, mon Dieu. (cf. Ps 72, 28)

OU
Amen, je vous le dis :
tout ce que vous demandez
dans la prière, croyez
que vous l'avez obtenu,
et cela vous sera accordé,
dit le Seigneur.
(Mc 11, 23-24)

Prière après la communion

Seigneur, nous avons reçu les dons que tu nous as faits dans ce sacrement, et nous te supplions humblement : ton Fils nous a demandé de les célébrer en mémoire de lui, qu'ils augmentent en nous la charité. Par le Christ, notre Seigneur. — ***Amen.***

INVITATION

La Semaine missionnaire mondiale débute ce jour.
Comment puis-je soutenir la mission dans ma paroisse ?

COMMENTAIRE

Changer les idées

Luc 11, 29-32

Les Ninivites et la reine de Saba sont des figures de païens se laissant interpeller par une parole qui peut les déranger ou les étonner. Les concitoyens de Jésus, eux, restent englués dans leurs certitudes et leurs a priori, sachant que la demande d'un signe est un prétexte à ne pas changer. De quoi nous interroger sur notre capacité à nous adapter à la nouveauté de l'Évangile, à nous laisser surprendre par Dieu et ces « étrangers » issus d'autres cultures, religions… ■ ***Emmanuelle Billoteau,*** *ermite*

MARDI 17 OCTOBRE 2023

28E SEMAINE DU TEMPS ORDINAIRE COULEUR LITURGIQUE : ROUGE

Saint Ignace d'Antioche

Ier-IIe siècles. Évêque d'Antioche pendant quarante ans. Très âgé, il fut arrêté, conduit à Rome et jeté aux fauves. Auteur de sept lettres d'une grande valeur historique et doctrinale.

15 - 21

Antienne d'ouverture

Avec le Christ, je suis fixé à la croix : je vis, mais ce n'est plus moi, c'est le Christ qui vit en moi. Je vis dans la foi au Fils de Dieu qui m'a aimé et s'est livré lui-même pour moi. (cf. Ga 2, 19-20)

Prière

Dieu éternel et tout-puissant, par le témoignage des saints martyrs, tu embellis ta sainte Église, corps de ton Fils ; nous t'en prions : de même que la passion du bienheureux Ignace d'Antioche, célébrée en ce jour, lui valut une gloire éternelle, fais qu'elle nous procure aussi ta protection à jamais. Par Jésus… ***— Amen.***

Lecture

de la lettre de saint Paul apôtre aux Romains (1, 16-25)

« Malgré leur connaissance de Dieu, ils ne lui ont pas rendu la gloire que l'on doit à Dieu »

Frères, je n'ai pas honte de l'Évangile, car il est puissance de Dieu pour le salut de quiconque est devenu croyant, le Juif d'abord, et le païen. Dans cet Évangile se révèle la justice donnée par Dieu, celle qui vient de la foi et conduit à la foi, comme il est écrit : *Celui qui est juste par la foi, vivra.*

Or la colère de Dieu se révèle du haut du ciel contre toute impiété et contre toute injustice des hommes

qui, par leur injustice, font obstacle à la vérité. En effet, ce que l'on peut connaître de Dieu est clair pour eux, car Dieu le leur a montré clairement. Depuis la création du monde, on peut voir avec l'intelligence, à travers les œuvres de Dieu, ce qui de lui est invisible : sa puissance éternelle et sa divinité. Ils n'ont donc pas d'excuse, puisque, malgré leur connaissance de Dieu, ils ne lui ont pas rendu la gloire et l'action de grâce que l'on doit à Dieu. Ils se sont laissé aller à des raisonnements sans valeur, et les ténèbres ont rempli leurs cœurs privés d'intelligence. Ces soi-disant sages sont devenus fous ; ils ont échangé la gloire du Dieu impérissable contre des idoles représentant l'être humain périssable ou bien des volatiles, des quadrupèdes et des reptiles.
Voilà pourquoi, à cause des convoitises de leurs cœurs, Dieu les a livrés à l'impureté, de sorte qu'ils déshonorent eux-mêmes leur corps. Ils ont échangé la vérité de Dieu contre le mensonge ; ils ont vénéré la création et lui ont rendu un culte plutôt qu'à son Créateur, lui qui est béni éternellement. Amen. – Parole du Seigneur.

Psaume 18A (19)

℟ ***Les cieux proclament la gloire de Dieu.***

Les cieux proclament la gloire de Dieu,
le firmament raconte l'ouvrage
de ses mains.
Le jour au jour en livre le récit
et la nuit à la nuit en donne connaissance. ℟

Pas de paroles dans ce récit,
pas de voix qui s'entende ;
mais sur toute la terre en paraît
le message
et la nouvelle, aux limites du monde. ℟

Acclamation de l'Évangile

Alléluia. Alléluia. Elle est vivante, efficace, la parole de Dieu ; elle juge des intentions et des pensées du cœur. ***Alléluia.***

Évangile de Jésus Christ

selon saint Luc (11, 37-41)

« Donnez plutôt en aumône ce que vous avez, et alors tout sera pur pour vous »

En ce temps-là, pendant que Jésus parlait, un pharisien l'invita pour le repas de midi. Jésus entra chez lui et prit place. Le pharisien fut étonné en voyant qu'il n'avait pas fait d'abord les ablutions précédant le repas. Le Seigneur lui dit : « Bien sûr, vous les pharisiens, vous purifiez l'extérieur de la coupe et du plat, mais à l'intérieur de vous-mêmes vous êtes remplis de cupidité et de méchanceté. Insensés ! Celui qui a fait l'extérieur n'a-t-il pas fait aussi l'intérieur ? Donnez plutôt en aumône ce que vous avez, et alors tout sera pur pour vous. »

15 - 21

Prière sur les offrandes

Accepte, Seigneur, l'offrande que nous te présentons de tout cœur, toi qui as accueilli le bienheureux Ignace d'Antioche, froment du Christ, devenu par son martyre un pain très pur. Par le Christ, notre Seigneur. ***— Amen.***

MARDI 17 OCTOBRE 2023

Antienne de la communion

Saint Ignace disait :
« Je suis le froment de Dieu,
je dois être moulu
sous la dent des bêtes
pour devenir le pain
très pur du Christ. »

Prière après la communion

Seigneur, que le pain du ciel, reçu en la fête du bienheureux Ignace, refasse nos forces et nous donne d'être chrétiens, tant par le nom que par nos actes. Par le Christ, notre Seigneur.
— Amen.

INVITATION

Aujourd'hui, nous faisons mémoire de saint Ignace d'Antioche. Je peux prier pour les habitants de cette cité décimée par le séisme du 6 février dernier.

COMMENTAIRE

Intérieur propre Luc 11, 37-41

« Donnez plutôt en aumône ce que vous avez, et alors tout sera pur pour vous. » Donner, n'est-ce pas s'ouvrir à la lumière de Dieu (cf. Is 58, 10), s'ouvrir au souffle de l'Esprit qui est « amour répandu en nos cœurs » (cf. Rm 5, 5) ? Donner et se donner n'est-il pas le propre de Dieu ? Les ablutions, comme les autres rituels, n'ont pas leur fin en elles-mêmes, elles n'ont d'autre but que de remettre le croyant sous le regard de Dieu, de l'aider à demeurer dans cette relation qui fonde son existence. ■

***Emmanuelle Billoteau**, ermite*

MERCREDI 18 OCTOBRE 2023

COULEUR LITURGIQUE : ROUGE

Saint Luc

Ier siècle. Médecin à Antioche, il se convertit au Christ et accompagna saint Paul dans ses voyages missionnaires. Il est l'auteur du troisième évangile et des Actes des Apôtres.

15 - 21

Antienne d'ouverture

Comme ils sont beaux sur les montagnes, les pas du messager, celui qui annonce la paix, qui porte la bonne nouvelle, qui annonce le salut. (Is 52, 7)

Gloire à Dieu *(p. 218)*

Prière

Seigneur Dieu, tu as choisi le bienheureux Luc pour révéler, par sa parole et ses écrits, le mystère de ton amour envers les pauvres ; accorde à ceux qui se réclament de ton Nom d'être, dans la persévérance, un seul cœur et une seule âme, et donne à tous les peuples la grâce de voir ton salut. Par Jésus… — ***Amen.***

Lectures propres à la fête de saint Luc.

Lecture

de la deuxième lettre de saint Paul apôtre à Timothée (4, 10-17b)

« Luc est seul avec moi »

Bien-aimé, Démas m'a abandonné par amour de ce monde, et il est parti pour Thessalonique. Crescent est parti pour la Galatie, et Tite pour la Dalmatie. Luc est seul avec moi. Amène Marc avec toi, il m'est très

utile pour le ministère. J'ai envoyé Tychique à Éphèse. En venant, rapporte-moi le manteau que j'ai laissé à Troas chez Carpos. Apporte-moi aussi mes livres, surtout les parchemins. Alexandre, le forgeron, m'a fait beaucoup de mal. Le Seigneur lui rendra selon ses œuvres. Toi aussi, prends garde à cet individu, car il s'est violemment opposé à nos paroles. La première fois que j'ai présenté ma défense, personne ne m'a soutenu : tous m'ont abandonné. Que cela ne soit pas retenu contre eux. Le Seigneur, lui, m'a assisté. Il m'a rempli de force pour que, par moi, la proclamation de l'Évangile* s'accomplisse jusqu'au bout et que toutes les nations l'entendent.

– Parole du Seigneur.

Psaume 144 (145)

℟ ***Que tes fidèles, Seigneur, disent la gloire de ton règne.***

Que tes œuvres, Seigneur, te rendent grâce
et que tes fidèles te bénissent !
Ils diront la gloire de ton règne,
ils parleront de tes exploits. ℟

Ils annonceront aux hommes tes exploits,
la gloire et l'éclat de ton règne :
ton règne, un règne éternel,
ton empire, pour les âges des âges. ℟

Le Seigneur est juste en toutes ses voies,
fidèle en tout ce qu'il fait.
Il est proche de ceux qui l'invoquent,
de tous ceux qui l'invoquent en vérité. ℟

Acclamation de l'Évangile

Alléluia. Alléluia. C'est moi qui vous ai choisis du milieu du monde, afin que vous alliez, que vous portiez du fruit, et que votre fruit demeure, dit le Seigneur. ***Alléluia.***

Évangile de Jésus Christ

selon saint Luc (10, 1-9)

« La moisson est abondante, mais les ouvriers sont peu nombreux »

En ce temps-là, parmi les disciples, le Seigneur en désigna encore 72, et il les envoya deux par deux, en avant de lui, en toute ville et localité où lui-même allait se rendre. Il leur dit : « La moisson est abondante, mais les ouvriers sont peu nombreux. Priez donc le maître de la moisson d'envoyer des ouvriers pour sa moisson. Allez ! Voici que je vous envoie comme des agneaux au milieu des loups. Ne portez ni bourse, ni sac, ni sandales, et ne saluez personne en chemin. Mais dans toute maison où vous entrerez, dites d'abord : "Paix à cette maison." S'il y a là un ami de la paix, votre paix ira reposer sur lui ; sinon, elle reviendra sur vous. Restez dans cette maison, mangeant et buvant ce que l'on vous sert ; car l'ouvrier mérite son salaire. Ne passez pas de maison en maison. Dans toute ville où vous entrerez et où vous serez accueillis, mangez ce qui vous est présenté. Guérissez les malades qui s'y trouvent et dites-leur : "Le règne de Dieu s'est approché de vous." »

MERCREDI 18 OCTOBRE 2023

Prière sur les offrandes

Par le don qui vient du ciel, accorde-nous, Seigneur, de te servir d'un cœur libre, afin que nos offrandes, présentées en la fête du bienheureux Luc, nous procurent la guérison et la gloire. Par le Christ, notre Seigneur. **— *Amen.***

2e Préface des Apôtres, p. 224.

Antienne de la communion

Le Seigneur envoya ses disciples
pour annoncer dans les villes :
« Le règne de Dieu
s'est approché de vous. »
(cf. Lc 10, 1.9)

Prière après la communion

Nous t'en prions, Dieu tout-puissant : que les biens reçus à ton autel nous sanctifient ; qu'ils nous rendent plus forts dans la foi à l'Évangile que le bienheureux Luc a proclamé. Par le Christ, notre Seigneur. **— *Amen.***

INVITATION

Dans l'évangile de Luc, la mission des envoyés semble simple : paix et ouverture. Et moi, quelle est ma mission ? Mon comportement témoigne-t-il de ce que je veux transmettre ?

COMMENTAIRE

Avec le temps

Luc 10, 1-9

Les répercussions de l'annonce de l'Évangile sur Luc nous sont mieux connues que sa personne. Entre autres, il a tout particulièrement compris le rôle du temps dans la révélation et l'accueil de la Bonne Nouvelle. La reconnaissance progressive du Christ dans le récit de l'apparition sur la route d'Emmaüs est emblématique à cet égard (Lc 24, 13-31). Ainsi en est-il également de la course invincible de la Parole dans le livre des Actes des Apôtres. Autant dire que Luc nous aide à habiter notre temporalité. ■

***Emmanuelle Billoteau**, ermite*

✻ CLÉ DE LECTURE

« La proclamation de l'Évangile »

2 Timothée 4, 17 *(p. 132)*

La deuxième lettre à Timothée reflète un des courants de la mission paulinienne et témoigne de sa vitalité. Ses caractéristiques sont la force des liens tissés et, en même temps, la grande diversité : des distances considérables séparent les lieux de mission, ici ou là des maisons chrétiennes accueillent les prédicateurs itinérants. Plusieurs sont restés fidèles à Paul, d'autres sont partis : la liberté de chacun est grande. Le maître-mot est la fidélité à l'annonce de l'Évangile, ici appelée « kérygme », le cœur de la foi, Jésus vivant, mort et ressuscité, porté par le témoignage différent de chacun. À Éphèse même, d'autres courants chrétiens, notamment johanniques, ajouteront à cette étonnante diversité, pour que le Christ soit partout annoncé. ■

***Roselyne Dupont-Roc**, bibliste*

JEUDI 19 OCTOBRE 2023

28E SEMAINE DU TEMPS ORDINAIRE COULEUR LITURGIQUE : VERT

Temps ordinaire, *suggestion d'oraisons et d'antiennes n° 34*
ou **saint Jean de Brébeuf et saint Isaac**
ou **saint Paul de la Croix**

Antienne d'ouverture

Ce que dit le Seigneur, c'est la paix pour son peuple et ses fidèles, et pour ceux qui reviennent vers lui. (cf. Ps 84, 9)

Prière

Ranime, nous t'en prions, Seigneur, la volonté de tes fidèles, afin que, plus ardents à rechercher le fruit de l'action divine, ils obtiennent de ta bonté de plus puissants secours. Par Jésus… ***— Amen.***

Lecture

de la lettre de saint Paul apôtre aux Romains (3, 21-30)

« L'homme devient juste par la foi, indépendamment de la pratique de la Loi »

Frères, aujourd'hui, indépendamment de la Loi, Dieu a manifesté en quoi consiste sa justice : la Loi et les prophètes en sont témoins. Et cette justice de Dieu, donnée par la foi en Jésus Christ*, elle est offerte à tous ceux qui croient. En effet, il n'y a pas de différence : tous les hommes ont péché, ils sont privés de la gloire de Dieu, et lui, gratuitement, les fait devenir justes par sa grâce, en vertu de la rédemption accomplie dans le Christ Jésus. Car le projet de Dieu était que le Christ soit instrument de pardon, en son sang, par le moyen de la foi. C'est ainsi que Dieu voulait manifester sa

justice, lui qui, dans sa longanimité, avait fermé les yeux sur les péchés commis autrefois. Il voulait manifester, au temps présent, en quoi consiste sa justice, montrer qu'il est juste et rend juste celui qui a foi en Jésus.

Alors, y a-t-il de quoi s'enorgueillir ? Absolument pas. Par quelle loi ? Par celle des œuvres que l'on pratique ? Pas du tout. Mais par la loi de la foi. En effet, nous estimons que l'homme devient juste par la foi, indépendamment de la pratique de la loi de Moïse. Ou bien, Dieu serait-il seulement le Dieu des Juifs ? N'est-il pas aussi le Dieu des nations ? Bien sûr, il est aussi le Dieu des nations, puisqu'il n'y a qu'un seul Dieu : il rendra justes en vertu de la foi ceux qui ont reçu la circoncision, et aussi, au moyen de la foi, ceux qui ne l'ont pas reçue. – Parole du Seigneur.

Psaume 129 (130)

℟ ***Près du Seigneur est l'amour, près de lui abonde le rachat.***

Des profondeurs je crie vers toi, Seigneur,
Seigneur, écoute mon appel !
Que ton oreille se fasse attentive
au cri de ma prière ! ℟

Si tu retiens les fautes, Seigneur,
Seigneur, qui subsistera ?
Mais près de toi se trouve le pardon
pour que l'homme te craigne. ℟

J'espère le Seigneur de toute mon âme ;
je l'espère, et j'attends sa parole.
Mon âme attend le Seigneur
plus qu'un veilleur ne guette l'aurore. ℟

Acclamation de l'Évangile

Alléluia. Alléluia. Moi, je suis le Chemin, la Vérité et la Vie, dit le Seigneur. Personne ne va vers le Père sans passer par moi. ***Alléluia.***

Évangile de Jésus Christ

selon saint Luc (11, 47-54)

« Cette génération devra rendre compte du sang de tous les prophètes depuis le sang d'Abel jusqu'au sang de Zacharie »

En ce temps-là, Jésus disait : « Quel malheur pour vous, parce que vous bâtissez les tombeaux des prophètes, alors que vos pères les ont tués. Ainsi vous témoignez que vous approuvez les actes de vos pères, puisque eux-mêmes ont tué les prophètes, et vous, vous bâtissez leurs tombeaux. C'est pourquoi la Sagesse de Dieu elle-même a dit : Je leur enverrai des prophètes et des apôtres ; parmi eux, ils en tueront et en persécuteront. Ainsi cette génération devra rendre compte du sang de tous les prophètes qui a été versé depuis la fondation du monde, depuis le sang d'Abel jusqu'au sang de Zacharie, qui a péri entre l'autel et le sanctuaire. Oui, je vous le déclare : on en demandera compte à cette génération. Quel malheur pour vous, docteurs de la Loi, parce que vous avez enlevé la clé de la connaissance ; vous-mêmes n'êtes pas entrés, et ceux qui voulaient entrer, vous les en avez empêchés. »

Quand Jésus fut sorti de la maison, les scribes et les pharisiens commencèrent à s'acharner contre lui et à le harceler de questions ; ils lui tendaient des pièges pour traquer la moindre de ses paroles.

Prière sur les offrandes

Accueille, Seigneur, les dons très saints que tu nous as demandé de consacrer à ton nom ; et pour qu'ils nous disposent à te plaire, fais-nous toujours obéir à tes commandements. Par le Christ, notre Seigneur. **– *Amen.***

Antienne de la communion

Louez le Seigneur, tous les peuples :
sa miséricorde envers nous
s'est montrée la plus forte.
(cf. Ps 116, 1-2)

OU

Je suis avec vous tous les jours,
jusqu'à la fin du monde,
dit le Seigneur.
(Mt 28, 20)

Prière après la communion

Nous t'en supplions, Dieu tout-puissant : ne permets pas que soient jamais séparés de toi ceux qui ont la joie de participer à ta vie divine. Par le Christ, notre Seigneur. **– *Amen.***

INVITATION

Jean de Brébeuf, Isaac Jogues et leurs compagnons ont été tués en mission. Je pourrais chercher sur internet la prière de sainte Thérèse de Lisieux intitulée « Je voudrais être missionnaire », et la prier en mémoire de ces martyrs.

COMMENTAIRE

Les autres Luc 11, 47-54

L'évangile de ce jour n'est pas agréable à entendre. D'où la tentation de ne pas se sentir concerné et de laisser tomber. Mais les docteurs de la Loi ne sont pas uniquement « les autres ». Ils sommeillent en chacun de nous, avec leurs incohérences, leurs hypocrisies, leurs tendances à juger et à exclure autrui. Point n'est besoin de nous livrer à une introspection culpabilisante, mais nous pouvons implorer l'Esprit de nous indiquer ce qui peut changer en nous. ■

***Emmanuelle Billoteau**, ermite*

❊ CLÉ DE LECTURE

« Par la foi en Jésus Christ » Romains 3, 22 *(p. 136)*

Une analyse grammaticale affinée a permis aux biblistes de ne plus traduire « par la foi en Jésus Christ », mais « par la foi de Jésus Christ » (ainsi : « par la foi et la fidélité de Jésus Christ »). On rend ainsi au texte sa force d'argumentation. Car, pour Paul, si essentielle que soit notre réponse de foi, c'est d'abord la fidélité parfaite de Jésus lui-même à Dieu qui nous réajuste au projet d'amour et de bénédiction du Créateur. Notre propre foi n'est pas première, elle serait même impuissante si elle n'était d'abord introduite et prise en charge dans la foi de Jésus qui remet sa vie au Père. En lui, par pure gratuité et grâce, quelle que soit notre situation antérieure, nous sommes pardonnés, libérés, pour vivre en justes devant Dieu. ■

***Roselyne Dupont-Roc**, bibliste*

VENDREDI 20 OCTOBRE 2023

28E SEMAINE DU TEMPS ORDINAIRE COULEUR LITURGIQUE : VERT

Temps ordinaire, *suggestion d'oraisons et d'antiennes n° 1*

15 - 21

Antienne d'ouverture

**J'ai vu un homme qui siégeait sur un trône élevé ;
la multitude des anges l'adore en chantant d'une seule voix :
« Voici celui dont l'empire a un nom éternel. »**

Prière

Aux appels de ton peuple en prière, réponds, Seigneur, en ta tendresse : donne à chacun la claire vision de ce qu'il doit faire et la force de l'accomplir. Par Jésus…
— Amen.

Lecture

de la lettre de saint Paul apôtre aux Romains (4, 1-8)

« Abraham eut foi en Dieu, et il lui fut accordé d'être juste »

Frères, que dirons-nous d'Abraham, notre ancêtre selon la chair ? Qu'a-t-il obtenu ? Si Abraham était devenu un homme juste par la pratique des œuvres, il aurait pu en tirer fierté, mais pas devant Dieu. Or, que dit l'Écriture ? *Abraham eut foi en Dieu, et il lui fut accordé d'être juste*. Si quelqu'un accomplit un travail, son salaire ne lui est pas accordé comme un don gratuit, mais comme un dû. Au contraire, si quelqu'un, sans rien accomplir, a foi en Celui qui rend juste l'homme impie, il lui

est accordé d'être juste par sa foi. C'est ainsi que le psaume de David proclame heureux l'homme à qui Dieu accorde d'être juste, indépendamment de la pratique des œuvres : *Heureux ceux dont les offenses ont été remises, et les péchés, effacés. Heureux l'homme dont le péché n'est pas compté par le Seigneur.*
– Parole du Seigneur.

Psaume 31 (32)

℟ ***Tu es un refuge pour moi ; de chants de délivrance, tu m'as entouré.***

Heureux l'homme dont la fa**u**te est enlevée,
et le péch**é** remis !
Heureux l'homme dont le Seigneur
ne retient p**a**s l'offense,
dont l'espr**i**t est sans fraude ! ℟

Je t'ai fait conn**a**ître ma faute,
je n'ai pas cach**é** mes torts.
J'ai dit : « Je rendrai gr**â**ce au Seigneur
en confess**a**nt mes péchés. » ℟

Toi, tu as enlevé l'off**e**nse de ma faute.
Que le Seigne**u**r soit votre joie !
Exult**e**z, hommes justes !
Hommes droits, chant**e**z
votre allégresse ! ℟

Acclamation de l'Évangile

Alléluia. Alléluia. Que ton amour, Seigneur, soit sur nous comme notre espoir est en toi ! ***Alléluia.***

Évangile de Jésus Christ

selon saint Luc (12, 1-7)

« Les cheveux de votre tête sont tous comptés »

En ce temps-là, comme la foule s'était rassemblée par milliers au point qu'on s'écrasait, Jésus, s'adressant d'abord à ses disciples, se mit à dire : « Méfiez-vous du levain des pharisiens, c'est-à-dire de leur hypocrisie. Tout ce qui est couvert d'un voile sera dévoilé, tout ce qui est caché sera connu. Aussi tout ce que vous aurez dit dans les ténèbres sera entendu en pleine lumière, ce que vous aurez dit à l'oreille dans le fond de la maison sera proclamé sur les toits. Je vous le dis, à vous mes amis : Ne craignez pas ceux qui tuent le corps, et après cela ne peuvent rien faire de plus. Je vais vous montrer qui vous devez craindre : craignez celui qui, après avoir tué, a le pouvoir d'envoyer dans la géhenne. Oui, je vous le dis : c'est celui-là que vous devez craindre. Est-ce que l'on ne vend pas cinq moineaux pour deux sous. Or pas un seul n'est oublié au regard de Dieu. À plus forte raison les cheveux de votre tête sont tous comptés. Soyez sans crainte : vous valez plus qu'une multitude de moineaux. »

Prière sur les offrandes

Que l'offrande de ton peuple te soit agréable, nous t'en prions, Seigneur : qu'elle le fasse grandir en sainteté, et lui obtienne ce qu'il demande avec ferveur. Par le Christ, notre Seigneur. **— *Amen.***

Antienne de la communion

Seigneur, en toi est la source
de vie ; par ta lumière,
nous voyons la lumière. (Ps 35, 10)
OU
Je suis venu pour qu'ils aient la vie,
la vie en abondance,
dit le Seigneur. (Jn 10, 10)

Prière après la communion

Dieu tout-puissant, nous t'en supplions : tu refais nos forces par tes sacrements, donne-nous aussi de pouvoir dignement te servir par une vie qui te plaise. Par le Christ, notre Seigneur. — ***Amen.***

INVITATION

Il y a 15 ans, sœur Emmanuelle rejoignait le Père. Dans ma prière, je peux porter les enfants vulnérables, dont elle a défendu les droits toute sa vie.

COMMENTAIRE

Une question de confiance Luc 12, 1-7

Jésus invite ses disciples à la confiance. Un propos à entendre et à intérioriser. Sans oublier de demander à Dieu de nous éclairer sur les craintes qui nous paralysent, nous empêchent de prendre les engagements susceptibles de nous faire croître en humanité, et de rendre compte de notre foi en annonçant la Bonne Nouvelle du Ressuscité. Implorons l'Esprit de discernement et d'audace et prenons le temps de contempler le chemin de libération des proches de Jésus après sa résurrection ■

Emmanuelle Billoteau, *ermite*

SAMEDI 21 OCTOBRE 2023

28E SEMAINE DU TEMPS ORDINAIRE COULEUR LITURGIQUE : VERT

Temps ordinaire, *suggestion d'oraisons et d'antiennes n° 2*
ou **bienheureuse Vierge Marie,** *voir p. 105*

Antienne d'ouverture
Toute la terre se prosterne
devant toi, qu'elle chante pour toi,
qu'elle chante un psaume
pour ton nom, Dieu très-haut. (cf. Ps 65, 4)

Prière
Dieu éternel et tout-puissant, qui régis et le ciel et la terre, exauce, en ta bonté, les supplications de ton peuple et donne à notre temps la paix qui vient de toi. Par Jésus… ***— Amen.***

15 - 21

Lecture

de la lettre de saint Paul apôtre aux Romains (4, 13.16-18)

« Espérant contre toute espérance, il a cru »

Frères, ce n'est pas en vertu de la Loi que la promesse de recevoir le monde en héritage a été faite à Abraham et à sa descendance, mais en vertu de la justice obtenue par la foi. Voilà pourquoi on devient héritier par la foi : c'est une grâce, et la promesse demeure ferme pour tous les descendants d'Abraham, non pour ceux qui se rattachent à la Loi seulement, mais pour ceux qui se rattachent aussi à la foi d'Abraham, lui

qui est notre père à tous. C'est bien ce qui est écrit : *J'ai fait de toi le père d'un grand nombre de nations.* Il est notre père devant Dieu en qui il a cru, Dieu qui donne la vie aux morts et qui appelle à l'existence ce qui n'existe pas. Espérant contre toute espérance, il a cru ; ainsi est-il devenu le père d'un grand nombre de nations, selon cette parole : *Telle sera la descendance que tu auras !*
– Parole du Seigneur.

Psaume 104 (105)

℟ ***Le Seigneur s'est toujours souvenu de son alliance.***
OU ***Alléluia !***

Vous, la race d'Abraham son serviteur,
les fils de Jacob, qu'il a choisis.
Le Seigneur, c'est lui notre Dieu :
ses jugements font loi pour l'univers. ℟

Il s'est toujours souvenu de son alliance,
parole édictée pour mille générations :
promesse faite à Abraham,
garantie par serment à Isaac. ℟

Il s'est ainsi souvenu de la parole sacrée
et d'Abraham, son serviteur ;
il a fait sortir en grande fête son peuple,
ses élus, avec des cris de joie ! ℟

Acclamation de l'Évangile

Alléluia. Alléluia. L'Esprit de vérité rendra témoignage en ma faveur, dit le Seigneur. Et vous aussi, vous allez rendre témoignage. ***Alléluia.***

Évangile de Jésus Christ

selon saint Luc (12, 8-12)

« L'Esprit Saint vous enseignera à cette heure-là ce qu'il faudra dire »

En ce temps-là, Jésus disait à ses disciples : « Je vous le dis : Quiconque se sera déclaré pour moi devant les hommes, le Fils de l'homme aussi se déclarera pour lui devant les anges de Dieu. Mais celui qui m'aura renié en face des hommes sera renié à son tour en face des anges de Dieu. Quiconque dira une parole contre le Fils de l'homme, cela lui sera pardonné ; mais si quelqu'un blasphème contre l'Esprit Saint, cela ne lui sera pas pardonné. Quand on vous traduira devant les gens des synagogues, les magistrats et les autorités, ne vous inquiétez pas de la façon dont vous vous défendrez ni de ce que vous direz. Car l'Esprit Saint vous enseignera à cette heure-là ce qu'il faudra dire. »

Prière sur les offrandes

Accorde-nous, Seigneur, nous t'en prions, de participer dignement à ces mystères, car chaque fois qu'est célébré ce sacrifice en mémorial, c'est l'œuvre de notre rédemption qui s'accomplit. Par le Christ, notre Seigneur. — ***Amen.***

Antienne de la communion

Tu prépares la table pour moi ;
la coupe qui m'enivre,
comme elle est admirable !
(cf. Ps 22, 5)

OU

Nous avons reconnu l'amour
que Dieu a pour nous,
et nous y avons cru.
(1 Jn 4, 16)

Prière après la communion

Répands en nous, Seigneur, ton Esprit de charité, afin d'unir dans un même amour ceux que tu as nourris du même pain du ciel. Par le Christ, notre Seigneur. — ***Amen.***

INVITATION

La Journée missionnaire mondiale aura lieu demain, sur le thème : « Des cœurs brûlants, des pieds en marche » (cf. Lc 24, 13-35). Je peux lire le message du Saint-Père sur internet.

COMMENTAIRE

Dernière chance de conversion

Luc 12, 8-12

Le blasphème contre l'Esprit a fait couler beaucoup d'encre. Jésus fait une distinction : parler contre le Fils de l'homme et parler contre l'Esprit. Peut-être pouvons-nous comprendre cette distinction en envisageant deux étapes dans l'histoire du salut : celle du Fils de l'homme, alors que Jésus est sur cette terre, et celle d'après son retrait dans la gloire du Père, qui est celle de l'Esprit. Une façon de signifier l'urgence de la conversion en ce temps de la « dernière chance » qui est le nôtre. ■

Emmanuelle Billoteau, *ermite*

DIMANCHE 22 OCTOBRE 2023

29E DIMANCHE DU TEMPS ORDINAIRE

ANNÉE A – COULEUR LITURGIQUE : VERT

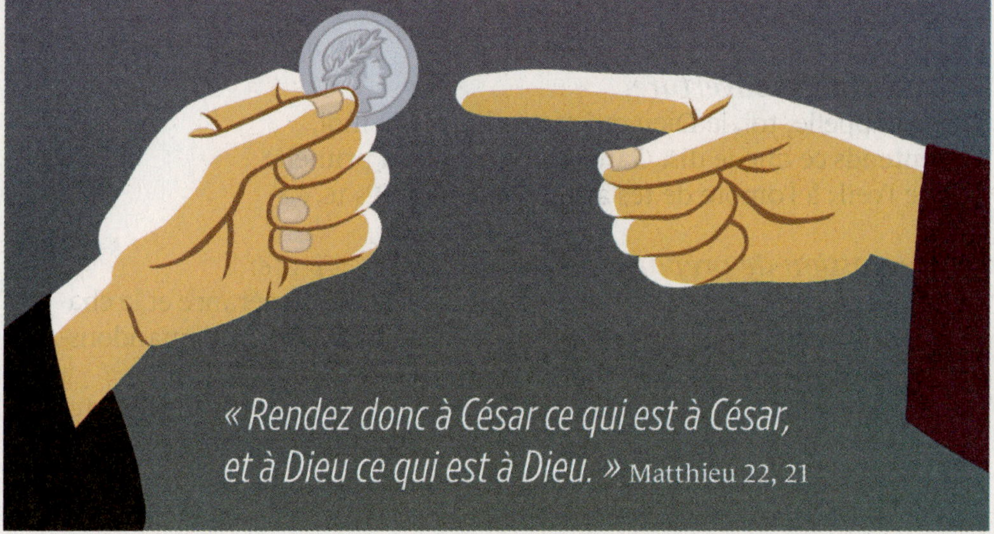

« Rendez donc à César ce qui est à César,
et à Dieu ce qui est à Dieu. » Matthieu 22, 21

Quelles étendues, quels cœurs ne sont pas créés par le Seigneur ? « Il n'y a rien en dehors » de lui, assure le prophète Isaïe. « Lui, le Seigneur, a fait les cieux », garantit le psalmiste. Aujourd'hui, marchons vers le Seigneur. Comme dit l'apôtre Paul aux Thessaloniciens, « nous nous souvenons que votre foi est active, que votre charité se donne de la peine, que votre espérance tient bon ».

RITES INITIAUX

Chant d'entrée *(Suggestions p. 244)*

OU

Antienne d'ouverture

Je t'appelle, toi, le Dieu qui répond : écoute-moi, entends ce que je dis. Garde-moi comme la prunelle de l'œil ; à l'ombre de tes ailes, cache-moi. (Ps 16, 6.8)

Suggestion de préparation pénitentielle *(ou p. 216)*

Le Seigneur invite ses enfants à tenir dans la foi, l'espérance et la charité. Avec un cœur contrit, tournons-nous vers Dieu et demandons-lui pardon pour nos péchés.

Seigneur Jésus, toi le Roi qui gouvernes les peuples avec droiture, toi qui es éblouissant de gloire et de sainteté, tu nous appelles chacun par notre nom, accorde-nous ton pardon.

— Nous avons péché contre toi.

Seigneur, toi dont l'Esprit agit avec force sur ceux qui l'implorent, tu appelles tous les hommes à marcher à ta suite, à annoncer dans la joie ton Évangile, montre-nous ta miséricorde.

— Et nous serons sauvés.

Que Dieu tout-puissant nous fasse miséricorde ; qu'il nous pardonne nos péchés et nous conduise à la vie éternelle. ***— Amen.***

Ensuite, on chante ou on dit le Kyrie (p. 217).

Gloire à Dieu *(p. 218)*

Prière

Dieu éternel et tout-puissant, fais-nous toujours agir pour toi d'une volonté ardente, et servir ta gloire d'un cœur sans partage. Par Jésus… ***— Amen.***

LITURGIE DE LA PAROLE

Lecture du livre du prophète Isaïe (45, 1.4-6)

« J'ai pris Cyrus par la main pour lui soumettre les nations »

Ainsi parle le Seigneur à son messie, à Cyrus, qu'il a pris par la main pour lui soumettre les nations et désarmer les rois, pour lui ouvrir les portes à deux battants, car aucune porte ne restera fermée : « À cause de mon serviteur Jacob, d'Israël mon élu, je t'ai appelé par ton nom, je t'ai donné un titre, alors que tu ne me connaissais pas.

« Je suis le Seigneur, il n'en est pas d'autre : hors moi, pas de Dieu. Je t'ai rendu puissant, alors que tu ne me connaissais pas, pour que l'on sache, de l'orient à l'occident, qu'il n'y a rien en dehors de moi. Je suis le Seigneur, il n'en est pas d'autre. »

– Parole du Seigneur.

Psaume 95 (96)

℟ ***Rendez au Seigneur la gloire et la puissance.***

T. : AELF; M. : T. Ospital; Éd. : ADF.

Chantez au Seigneur un chant nouveau,
chantez au Seigneur, terre entière,
racontez à tous les peuples sa gloire,
à toutes les nations ses merveilles ! ℟

Il est grand, le Seigneur, hautement loué,
redoutable au-dessus de tous les dieux :
néant, tous les dieux des nations !
Lui, le Seigneur, a fait les cieux. ℟

Rendez au Seigneur, familles des peuples,
rendez au Seigneur la gloire et la puissance,
rendez au Seigneur la gloire de son nom.
Apportez votre offrande, entrez dans ses parvis. ℟

Retrouvez ce psaume sur le CD "Les psaumes de l'année A"

Adorez le Seigneur, éblouissant de sainteté :
tremblez devant lui, terre entière.
Allez dire aux nations : « Le Seigneur est roi ! »
Il gouverne les peuples avec droiture. ℟

Lecture de la première lettre de saint Paul apôtre aux Thessaloniciens (1, 1-5b)

« Nous nous souvenons de votre foi,
de votre charité, de votre espérance »

Paul, Silvain et Timothée, à l'Église de Thessalonique qui est en Dieu le Père et dans le Seigneur Jésus Christ. À vous, la grâce et la paix. À tout moment, nous rendons grâce à Dieu au sujet de vous tous, en faisant mémoire de vous dans nos prières. Sans cesse, nous nous souvenons que votre foi est active, que votre charité se donne de la peine, que votre espérance tient bon en notre Seigneur Jésus Christ, en présence de Dieu notre Père. Nous le savons, frères bien-aimés de Dieu, vous avez été choisis par lui. En effet, notre annonce de l'Évangile n'a pas été, chez vous, simple parole, mais puissance, action de l'Esprit Saint, pleine certitude.

– Parole du Seigneur.

Acclamation de l'Évangile

Alléluia. Alléluia. Vous brillez comme des astres dans l'univers en tenant ferme la parole de vie. ***Alléluia.***

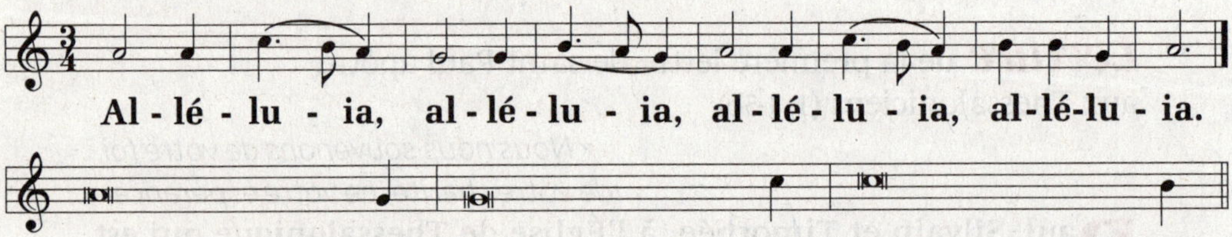

Refrain : Z 585 Éd. de l'Emmanuel ; M. : E. Baranger ; Psalmodie : Bayard Liturgie ; M. : M. Wackenheim.

Évangile de Jésus Christ selon saint Matthieu (22, 15-21)

« Rendez à César ce qui est à César, et à Dieu ce qui est à Dieu »

En ce temps-là, les pharisiens allèrent tenir conseil pour prendre Jésus au piège en le faisant parler. Ils lui envoient leurs disciples, accompagnés des partisans d'Hérode : « Maître, lui disent-ils, nous le savons : tu es toujours vrai et tu enseignes le chemin de Dieu en vérité ; tu ne te laisses influencer par personne, car ce n'est pas selon l'apparence que tu considères les gens. Alors, donne-nous ton avis : Est-il permis, oui ou non, de payer l'impôt à César, l'empereur ? » Connaissant leur perversité, Jésus dit : « Hypocrites ! pourquoi voulez-vous me mettre à l'épreuve ? Montrez-moi la monnaie de l'impôt. » Ils lui présentèrent une pièce d'un denier. Il leur dit :

« Cette effigie et cette inscription, de qui sont-elles ? » Ils répondirent : « De César. » Alors il leur dit : « Rendez donc à César ce qui est à César, et à Dieu ce qui est à Dieu. »

Homélie

Profession de foi *(p. 219)*

Suggestion de prière universelle

Le prêtre :

Le Christ connaît chacun et chacune par son nom. Avec confiance, prions-le pour les habitants du monde et pour notre Église.

℟ ***Fais de nous, Seigneur, les témoins de ton amour.***

Bayard Liturgie ; M. : M. Wackenheim.

Le diacre ou un lecteur :

« Notre annonce de l'Évangile a été puissance et action de l'Esprit Saint. » En cette Journée missionnaire mondiale, pour que l'Église se laisse guider par l'Esprit Saint vers les périphéries du monde. Avec l'Église universelle, prions le Seigneur. ℟

« Nous nous souvenons que votre charité se donne de la peine. » Pour les hommes et les femmes qui s'engagent dans la société civile, afin qu'ils œuvrent pour les personnes en grandes difficultés matérielles ou morales, prions le Seigneur. ℟

« Nous nous souvenons que votre espérance tient bon. » Pour les personnes victimes d'abus, d'emprise, de viol, de harcèlement, afin qu'elles trouvent auprès du Seigneur force et consolation, prions le Seigneur. ℟

« Nous nous souvenons que votre foi est active. » Pour notre communauté rassemblée en ce dimanche, afin qu'elle soit un lieu de louange, de joie, d'accueil et de fraternité, prions le Seigneur. ℟

(Ces intentions seront adaptées ou modifiées selon les circonstances.)

Le prêtre :

Seigneur Jésus, toi qui nous connais par notre nom, écoute toutes nos prières, toi qui vis et règnes pour les siècles des siècles. **— Amen.**

LITURGIE EUCHARISTIQUE

Prière sur les offrandes

Accorde-nous, Seigneur, nous t'en prions, de te servir d'un cœur libre en te présentant ces dons ; puissions-nous, par un effet de ta grâce, être purifiés par ces mystères que nous célébrons. Par le Christ, notre Seigneur. **— Amen.**

Prière eucharistique *(Préface des dimanches, p. 222)*

Chant de communion *(Suggestions p. 244)*
OU
Antienne de la communion
Le Seigneur veille sur ceux qui le craignent,
qui mettent leur espoir en sa miséricorde,
pour délivrer leur âme de la mort, les nourrir
aux jours de famine.
(cf. Ps 32, 18-19)
OU
Le Fils de l'homme est venu pour donner
sa vie en rançon pour la multitude.
(cf. Mc 10, 45)

Prière après la communion
Accorde-nous, Seigneur, nous t'en prions, de progresser en participant aux réalités du ciel ; ainsi, nous serons soutenus par tes bienfaits en ce temps et façonnés par ceux de l'éternité. Par le Christ, notre Seigneur. — ***Amen.***

RITE DE CONCLUSION

Bénédiction et envoi

COMMENTAIRE DU DIMANCHE

Luc Forestier, prêtre de l'Oratoire

Portes et mains ouvertes

Aucune porte ne restera fermée, annonce Isaïe. Dans le quotidien de nos existences pèlerines, bien des portes semblent closes. Celles d'une rencontre authentique avec certains de nos proches, celles d'un dialogue pourtant nécessaire avec d'autres, celles de l'avenir pour nos frères et sœurs plus jeunes qui hésitent à entrer vraiment dans l'existence, celles de la guérison pour les personnes frappées par la maladie, celles de la paix pour nos pays et pour nos familles, etc.

Or, l'ouverture de toutes les portes qu'implique la résurrection de Jésus Christ d'entre les morts est subtilement explicitée par Matthieu. Il nous montre comment Jésus échappe au piège qui lui est tendu en poussant les pharisiens à desserrer leurs mains. Ce sont eux qui montrent à Jésus la pièce qu'ils tiennent et qui,

en réalité, les enferme dans une logique purement comptable. Pour cela, ils doivent ouvrir leurs mains et renoncer à s'agripper à l'argent, en rendant pleinement à Dieu ce qu'ils ne reçoivent que de lui, c'est-à-dire la vie. En renonçant à posséder, ils pourront enfin vivre pour les autres.
Voilà que des portes s'ouvrent pour nous aujourd'hui, comme pour les premiers chrétiens de Thessalonique, à qui Paul écrit et qu'il encourage fraternellement. En ce dimanche, que souffle l'Esprit du Ressuscité pour nous permettre d'accueillir la vie nouvelle qui vient du Père et de franchir joyeusement les portes que cette semaine va nous présenter.

À qui vais-je transmettre l'expérience de vie que je reçois de Dieu seul ?

Quelles sont les portes qui s'ouvriront pour moi cette semaine ? ■

Prions en Église Junior

LIRE L'ÉVANGILE AVEC LES ENFANTS

CE QUE JE DÉCOUVRE

Les pharisiens cherchent à piéger Jésus. S'il leur répond qu'il faut payer l'impôt, alors il est du côté de l'empereur. S'il leur répond qu'il ne faut pas le payer, alors les pharisiens le diront à l'empereur, pour qu'il soit puni. Mais Jésus évite le piège : il n'y a pas à choisir entre les lois des hommes et la loi de Dieu. Ce sont des choses différentes. Mais **Dieu doit toujours avoir la première place dans ce que l'on vit.**

CE QUE JE VIS

Est-ce que Dieu a une place dans ta vie ? Laquelle ?

Regarde la face d'une pièce de monnaie : présente à Dieu tes activités. Retourne la pièce et remercie Dieu pour la joie que tu trouves dans ces activités.

Texte : Cédric Kuntz. Illustrations : Marcelino Truong

MÉDITATION BIBLIQUE

29E DIMANCHE DU TEMPS ORDINAIRE

Évangile selon saint Matthieu 22, 15-21

Sans influence

Quand une polémique fournit l'occasion d'en apprendre un peu plus sur la personnalité de Jésus : un homme loyal, dénué de préjugés, libre et intègre, qui ne se laissait pas piéger par des mondanités.

Le temps de la préparation

« Chantez au Seigneur un chant nouveau, chantez au Seigneur, terre entière, racontez à tous les peuples sa gloire, à toutes les nations ses merveilles ! » (Ps 95, 1)

Le temps de l'observation

Des pharisiens tentent de prendre Jésus en faute. Ils attendent le faux pas qui leur permettra de le faire tomber, de s'appuyer sur une parole ou un geste pour l'accuser publiquement. La distinction entre religion et politique est toujours un sujet sensible. Leur intention est fausse et leur but mauvais. Pour autant, l'accroche par laquelle ils débutent leur piège dépeint comment Jésus était perçu par ses contemporains : « Tu ne te laisses influencer par personne, car ce n'est pas selon l'apparence que tu considères les gens. » Dans le contexte, ces quelques mots ont pour seul but d'amadouer ...

… l'interlocuteur. Mais ce faisant, ils racontent les propos qui circulaient sur Jésus, les accusateurs s'appuient sur une vérité qui les dépasse et qui dépasse leur discours. Ils racontent malgré eux que Jésus n'était pas un homme sous influence, il n'était pas pris au piège des mondanités. Il était vrai et parlait vrai.

Le temps de la méditation

De cette conversation, on ne retient que la réponse de Jésus : « Rendez donc à César ce qui est à César, et à Dieu ce qui est à Dieu. » Nous pourrions également retenir le magnifique portrait fait par les adversaires et qui en dit beaucoup de la relation de Jésus avec les personnes rencontrées. La loyauté de Jésus ne s'arrête pas aux hommes politiques ou à la loi civile. Elle concerne en fait chacun. Jésus considère chacun pour ce qu'il est, sans préjugés, sans arrière-pensée, sans peur ni culpabilité. Ne pas être sous influence, c'est être libre du regard et de la rencontre. Jésus respecte César parce qu'il respecte tout le monde, même les personnes qui lui parlent pour le faire tomber. Ces paroles accusatrices sont l'occasion d'un bel enseignement pour les disciples du Christ. Puissions-nous, à notre tour, ne pas vivre sous influence et pouvoir rencontrer chacun sans nous fier à l'apparence, la nôtre ou celle des autres.

Le temps de la prière

« Allez dire aux nations :
"Le Seigneur est roi !"
Le monde, inébranlable,
tient bon. Il gouverne les peuples
avec droiture. » (Ps 95, 10) ■

Marie-Laure Durand, bibliste

L'ÉVÉNEMENT

RASSEMBLEMENT KERYGMA À LOURDES DU 20 AU 23 OCTOBRE

La démarche Kerygma

À l'invitation du pape François à fonder toute évangélisation sur le message de la Bonne Nouvelle et de l'annonce du salut, les évêques de France ont lancé, en 2022, la démarche Kerygma. Les équipes diocésaines se rassemblent à Lourdes du 20 au 23 octobre.

« À vous d'en être les témoins. » C'est sur ce verset de l'évangile de Luc (Lc 24, 48) que s'appuie Kerygma pour son rassemblement à Lourdes du 20 au 23 octobre. Entre 2 500 et 5 000 personnes y sont attendues pour réfléchir ensemble à l'évangélisation telle qu'elle est vécue dans les diocèses. L'enjeu de Kerygma est de « retourner au cœur de la foi ». Cette initiative, lancée par la Conférence des évêques de France (CEF) il y a un an, fait suite à l'invitation du pape François à poursuivre une •••

... pastorale « kerygmatique ». Le père Christophe Sperissen, membre du Service national de la catéchèse et du catéchuménat de la CEF, est en charge de cette proposition visant à « prendre soin des acteurs de la catéchèse ». Au cours des mois précédant Lourdes, chaque équipe diocésaine « identifie les besoins comme les rêves des acteurs de toute pastorale confondue, aux expériences et aux regards différents », explique-t-il. Après une phase de réflexion et de discussions, ces équipes, accompagnées de paroissiens, se rendent à Lourdes pour suivre quatre axes : fraternel, de ressourcement spirituel, de réflexion et d'expérimentation. Ensemble, les participants vivent la messe quotidienne, des veillées de prière et des moments conviviaux. En journée, plusieurs conférences sont organisées. Interviennent, entre autres, Mgr Jean-Marc Aveline, Mgr Vincent Jordy ou encore Philippe Portier. Enfin, un espace regroupe une cinquantaine d'ateliers. Il s'agit là de projets innovants mis en place dans certains diocèses. ■

Anne-Quitterie Jozeau, journaliste

QU'EST-CE QUE LE KÉRYGME ?

Le terme « kérygme » désigne l'annonce à la fois d'une personne, Jésus Christ Fils de Dieu, et de l'événement pascal, le Messie crucifié et ressuscité pour nous. Le pape François rappelle l'importance d'annoncer ce qui est le cœur de la foi chrétienne, non comme une réponse toute faite, mais comme une expérience incarnée, témoignant de la présence de Dieu en nous.

LUNDI 23 OCTOBRE 2023

29E SEMAINE DU TEMPS ORDINAIRE COULEUR LITURGIQUE : VERT

Temps ordinaire, *suggestion d'oraisons et d'antiennes n° 3*
ou **saint Jean de Capistran**

Antienne d'ouverture

Chantez au Seigneur un chant nouveau,
chantez au Seigneur, terre entière.
Devant lui, splendeur et majesté,
dans son sanctuaire,
puissance et beauté. (Ps 95, 1.6)

Prière

Dieu éternel et tout-puissant, dans ta bienveillance, dirige nos actions, afin qu'au nom de ton Fils bien-aimé, nous portions des fruits en abondance. Par Jésus…
— Amen.

Lecture

de la lettre de saint Paul apôtre aux Romains (4, 20-25)

« À nous aussi, cela sera accordé puisque nous croyons »

Frères, devant la promesse de Dieu, Abraham n'hésita pas, il ne manqua pas de foi, mais il trouva sa force dans la foi et rendit gloire à Dieu, car il était pleinement convaincu que Dieu a la puissance d'accomplir ce qu'il a promis*. Et voilà pourquoi il lui fut accordé d'être juste. En disant que cela lui fut accordé, l'Écriture ne s'intéresse pas seulement à lui, mais aussi

22 - 28

à nous, car cela nous sera accordé puisque nous croyons en Celui qui a ressuscité d'entre les morts Jésus notre Seigneur, livré pour nos fautes et ressuscité pour notre justification.
– Parole du Seigneur.

Cantique Luc 1, 69-70, 71-72, 73-75

℟ ***Béni soit le Seigneur, le Dieu d'Israël, car il a visité son peuple.***

Il a fait surgir la force qui nous sauve
dans la maison de David, son serviteur,
comme il l'avait dit par la bouche des saints,
par ses prophètes, depuis les temps
anciens : ℟

salut qui nous arrache à l'ennemi,
à la main de tous nos oppresseurs,
amour qu'il montre envers nos pères,
mémoire de son alliance sainte, ℟

serment juré à notre père Abraham
de nous rendre sans crainte,
afin que, délivrés de la main des ennemis,
nous le servions dans la justice
et la sainteté, en sa présence,
tout au long de nos jours. ℟

Acclamation de l'Évangile

Alléluia. Alléluia. Heureux les pauvres de cœur, car le royaume des Cieux est à eux ! ***Alléluia.***

Évangile de Jésus Christ

selon saint Luc (12, 13-21)

« Ce que tu auras accumulé, qui l'aura ? »

En ce temps-là, du milieu de la foule, quelqu'un demanda à Jésus : « Maître, dis à mon frère de partager avec moi notre héritage. » Jésus lui répondit : « Homme, qui donc m'a établi pour être votre juge ou l'arbitre de vos partages ? » Puis, s'adressant à tous : « Gardez-vous bien de toute avidité, car la vie de quelqu'un, même dans l'abondance, ne dépend pas de ce qu'il possède. » Et il leur dit cette parabole : « Il y avait un homme riche, dont le domaine avait bien rapporté. Il se demandait : "Que vais-je faire ? Car je n'ai pas de place pour mettre ma récolte." Puis il se dit : "Voici ce que je vais faire : je vais démolir mes greniers, j'en construirai de plus grands et j'y mettrai tout mon blé et tous mes biens. Alors je me dirai à moi-même : Te voilà donc avec de nombreux biens à ta disposition, pour de nombreuses années. Repose-toi, mange, bois, jouis de l'existence." Mais Dieu lui dit : "Tu es fou : cette nuit même, on va te redemander ta vie. Et ce que tu auras accumulé, qui l'aura ?" Voilà ce qui arrive à celui qui amasse pour lui-même, au lieu d'être riche en vue de Dieu. »

LUNDI 23 OCTOBRE 2023

Prière sur les offrandes

Accueille avec bienveillance nos présents, nous t'en prions, Seigneur : qu'ils soient sanctifiés et servent ainsi à notre salut. Par le Christ, notre Seigneur. ***— Amen.***

Antienne de la communion

Approchez du Seigneur :
resplendissez de sa lumière,
sans ombre ni trouble au visage.
(cf. Ps 33, 6)

OU

Je suis la lumière du monde,
dit le Seigneur. Celui qui me suit
ne marchera pas dans les ténèbres :
il aura la lumière de la vie.
(Jn 8, 12)

Prière après la communion

Nous t'en prions, Dieu tout-puissant ; nous recevons de toi la grâce qui fait vivre : fais que nous trouvions toujours notre gloire dans ce que tu nous donnes. Par le Christ, notre Seigneur.
— Amen.

INVITATION

« Ce que tu auras accumulé, qui l'aura ? » Et si je triais mes affaires pour donner le superflu à une association qui aide les personnes démunies ?

COMMENTAIRE

Vanité des vanités

Luc 12, 13-21

« Maître, dis à mon frère de partager avec moi notre héritage. » Jésus se refuse à arbitrer les différends familiaux sur les droits de succession. Il laisse le soin aux juges de traiter les conflits humains, mais il met en garde contre la cupidité. Pour lui, amasser les biens et les richesses uniquement pour soi-même n'est que pure vanité. « Être riche en vue de Dieu », voilà le chemin. C'est s'ouvrir au partage par amour pour lui. ■

***Jean-Paul Musangania**, prêtre assomptionniste*

❊ CLÉ DE LECTURE

« A promis »

Romains 4, 21 *(p. 165)*

Comment Paul peut-il trouver le modèle du juste en Abraham et le considérer comme le père de tous les croyants, alors que la promesse de Dieu a été accomplie en Jésus mort et ressuscité ? De même, comment Abraham aurait-il connu Jésus, comme l'affirme l'évangile de Jean (cf. Jn 8, 56) ? La chronologie ne compte guère dans la façon dont nos prédécesseurs dans la foi lisent le dessein de Dieu. Abraham déjà a répondu à la promesse en s'appuyant sur la fidélité de Dieu à sa parole, car la promesse et la parole de Dieu qui ont rejoint notre humanité dans Jésus le Fils sont de toujours à toujours. Ce que Dieu a réalisé en lui reflue sur l'histoire et rend juste quiconque a accueilli, accueille et accueillera sa parole en entrant dans la foi offerte à tous. ■

***Roselyne Dupont-Roc**, bibliste*

MARDI 24 OCTOBRE 2023

29E SEMAINE DU TEMPS ORDINAIRE COULEUR LITURGIQUE : VERT

Temps ordinaire, *suggestion d'oraisons et d'antiennes n° 4*
ou **saint Antoine-Marie Claret**

Antienne d'ouverture

**Sauve-nous, Seigneur notre Dieu ;
rassemble-nous du milieu des nations, que nous rendions grâce
à ton saint nom, fiers de chanter ta louange !** (Ps 105, 47)

Prière

Accorde-nous, Seigneur notre Dieu, de pouvoir t'adorer de tout notre esprit, et d'avoir envers tous une vraie charité. Par Jésus… ***— Amen.***

Lecture

de la lettre de saint Paul apôtre aux Romains (5, 12.15b.17-19.20b-21)

« Si par la faute d'un seul, la mort a établi son règne, combien plus régneront-ils dans la vie »

Frères, nous savons que par un seul homme, le péché est entré dans le monde, et que par le péché est venue la mort ; et ainsi, la mort est passée en tous les hommes, étant donné que tous ont péché. Si la mort a frappé la multitude par la faute d'un seul, combien plus la grâce de Dieu s'est-elle répandue en abondance sur la multitude, cette grâce qui est donnée en un seul homme, Jésus Christ. Si, en effet, à cause d'un seul homme, par la faute d'un seul, la mort a établi son règne, combien plus, à cause de

Jésus Christ et de lui seul, régneront-ils dans la vie, ceux qui reçoivent en abondance le don de la grâce qui les rend justes.
Bref, de même que la faute commise par un seul a conduit tous les hommes à la condamnation, de même l'accomplissement de la justice par un seul a conduit tous les hommes à la justification qui donne la vie. En effet, de même que par la désobéissance d'un seul être humain la multitude a été rendue pécheresse, de même par l'obéissance d'un seul la multitude sera-t-elle rendue juste. Là où le péché s'est multiplié, la grâce a surabondé. Ainsi donc, de même que le péché a établi son règne de mort, de même la grâce doit établir son règne en rendant juste pour la vie éternelle par Jésus Christ notre Seigneur.
– Parole du Seigneur.

Psaume 39 (40)

℟ ***Me voici, Seigneur, je viens faire ta volonté.***

Tu ne voulais ni offrande ni sacrifice,
tu as ouvert mes oreilles ;
tu ne demandais ni holocauste ni victime,
alors j'ai dit : « Voici, je viens. ℟

« Dans le livre, est écrit pour moi
ce que tu veux que je fasse.
Mon Dieu, voilà ce que j'aime :
ta loi me tient aux entrailles. » ℟

J'annonce la justice
dans la grande assemblée ;
vois, je ne retiens pas mes lèvres,
Seigneur, tu le sais. ℟

Tu seras l'allégresse et la joie
de tous ceux qui te cherchent ;
toujours ils rediront : « Le Seigneur est grand ! »
ceux qui aiment ton salut. ℟

Acclamation de l'Évangile

Alléluia. Alléluia. Restez éveillés et priez en tout temps : ainsi vous pourrez vous tenir debout devant le Fils de l'homme. ***Alléluia.***

Évangile de Jésus Christ

selon saint Luc (12, 35-38)

« Heureux les serviteurs que le maître, à son arrivée, trouvera en train de veiller »

En ce temps-là, Jésus disait à ses disciples : « Restez en tenue de service, votre ceinture autour des reins, et vos lampes allumées. Soyez comme des gens qui attendent leur maître à son retour des noces, pour lui ouvrir dès qu'il arrivera et frappera à la porte. Heureux ces serviteurs-là que le maître, à son arrivée, trouvera en train de veiller. Amen, je vous le dis : c'est lui qui, la ceinture autour des reins, les fera prendre place à table et passera pour les servir. S'il revient vers minuit ou vers trois heures du matin et qu'il les trouve ainsi, heureux sont-ils ! »

Prière sur les offrandes

Pour te servir, Seigneur, nous déposons nos présents sur ton autel : accueille-les favorablement, pour qu'ils deviennent le sacrement de notre rédemption. Par le Christ, notre Seigneur. ***— Amen.***

Antienne de la communion

Sur ton serviteur,
que s'illumine ta face ;
sauve-moi dans ta miséricorde.
Seigneur, garde-moi d'être humilié,
car je t'ai invoqué. (cf. Ps 30, 17-18)

OU
Heureux les pauvres de cœur,
car le royaume des Cieux est à eux.
Heureux les doux, car ils recevront
la terre en héritage.
(Mt 5, 3.5)

Prière après la communion

Nous avons été fortifiés par le sacrement de notre rédemption, et nous t'en prions, Seigneur : que cette nourriture pour le salut éternel nous fasse progresser dans la foi véritable. Par le Christ, notre Seigneur. **— *Amen.***

INVITATION

Saint Antoine-Marie Claret, fêté ce jour, travailla dans le textile avant d'entrer au séminaire. Je peux prier pour que cesse l'exploitation des enfants dans cette industrie.

COMMENTAIRE

Le bonheur de servir

Luc 12, 35-38

« Restez en tenue de service. » Cette parole résonne comme un appel proposé par Jésus à ses disciples. Il leur demande de servir plutôt que de se laisser servir. Pour Jésus, lorsque le prochain est dans le besoin, « se donner » sonne comme un impératif qui s'impose en toutes circonstances. Être solidaires des autres permet à ses disciples de se voir sous le regard de Dieu. Qu'est-ce qui m'empêche de m'engager sur ce chemin ? ■

Jean-Paul Musangania, *prêtre assomptionniste*

MERCREDI 25 OCTOBRE 2023

29E SEMAINE DU TEMPS ORDINAIRE COULEUR LITURGIQUE : VERT

Temps ordinaire, *suggestion d'oraisons et d'antiennes n° 5*
ou **dédicace des églises consacrées,** *voir p. 179*

Antienne d'ouverture

Venez, adorons Dieu, prosternons-nous
devant le Seigneur qui nous a faits,
car il est notre Dieu. (cf. Ps 94, 6-7)

Prière

Dans ton inlassable tendresse, nous t'en prions, Seigneur, veille sur ta famille : elle s'appuie sur la grâce du ciel, son unique espérance ; qu'elle soit toujours assurée de ta protection. Par Jésus… ***— Amen.***

Lecture

de la lettre de saint Paul apôtre aux Romains (6, 12-18)

« Présentez-vous à Dieu comme des vivants revenus d'entre les morts »

Frères, il ne faut pas que le péché règne dans votre corps mortel et vous fasse obéir à ses désirs. Ne présentez pas au péché les membres de votre corps comme des armes au service de l'injustice ; au contraire, présentez-vous à Dieu comme des vivants revenus d'entre les morts, présentez à Dieu vos membres comme des armes au service de la justice. Car le péché n'aura plus de pouvoir sur vous : en effet, vous n'êtes plus sujets de la Loi, vous êtes sujets de la grâce de Dieu. Alors ? Puisque nous

ne sommes pas soumis à la Loi mais à la grâce, allons-nous commettre le péché ? Pas du tout. Ne le savez-vous pas ? Celui à qui vous vous présentez comme esclaves pour lui obéir, c'est de celui-là, à qui vous obéissez, que vous êtes esclaves : soit du péché, qui mène à la mort, soit de l'obéissance à Dieu, qui mène à la justice. Mais rendons grâce à Dieu : vous qui étiez esclaves du péché, vous avez maintenant obéi de tout votre cœur au modèle présenté par l'enseignement qui vous a été transmis. Libérés du péché, vous êtes devenus esclaves de la justice. – Parole du Seigneur.

Psaume 123 (124)

℟ ***Notre secours est dans le nom du Seigneur.***

Sans le Seigneur qui était pour nous
– qu'Israël le redise –
sans le Seigneur qui était pour nous
quand des hommes nous assaillirent,
alors ils nous avalaient tout vivants,
dans le feu de leur colère. ℟

Alors le flot passait sur nous,
le torrent nous submergeait ;
alors nous étions submergés
par les flots en furie.

Béni soit le Seigneur
qui n'a pas fait de nous
la proie de leurs dents ! ℟

Comme un oiseau, nous avons échappé
au filet du chasseur ;
le filet s'est rompu :
nous avons échappé.
Notre secours est dans le nom
du Seigneur
qui a fait le ciel et la terre. ℟

Acclamation de l'Évangile

Alléluia. Alléluia. Veillez, tenez-vous prêts : c'est à l'heure où vous n'y penserez pas que le Fils de l'homme viendra. ***Alléluia.***

Évangile de Jésus Christ

selon saint Luc (12, 39-48)

« À qui l'on a beaucoup donné, on demandera beaucoup »

En ce temps-là, Jésus disait à ses disciples : « Vous le savez bien : si le maître de maison avait su à quelle heure le voleur viendrait, il n'aurait pas laissé percer le mur de sa maison. Vous aussi, tenez-vous prêts : c'est à l'heure où vous n'y penserez pas que le Fils de l'homme viendra. »

Pierre dit alors : « Seigneur, est-ce pour nous que tu dis cette parabole, ou bien pour tous ? » Le Seigneur répondit : « Que dire de l'intendant fidèle et sensé à qui le maître confiera la charge de son personnel pour distribuer, en temps voulu, la ration de nourriture ? Heureux ce serviteur que son maître, en arrivant, trouvera en train d'agir ainsi ! Vraiment, je vous le déclare : il l'établira sur tous ses biens. Mais si le serviteur se dit en lui-même : "Mon maître tarde à venir", et s'il se met à frapper les serviteurs et les servantes, à manger, à boire et à s'enivrer, alors quand le maître viendra, le jour où son serviteur ne s'y attend pas et à l'heure qu'il ne connaît pas, il l'écartera et lui fera partager le sort des infidèles. Le serviteur qui, connaissant la volonté de son maître, n'a rien préparé et n'a pas accompli cette volonté, recevra un grand nombre de coups. Mais celui qui ne la connaissait pas, et qui a mérité des coups pour sa conduite, n'en recevra

qu'un petit nombre. À qui l'on a beaucoup donné, on demandera beaucoup ; à qui l'on a beaucoup confié, on réclamera davantage*. »

Prière sur les offrandes

Seigneur notre Dieu, tu as choisi dans ta création ces aliments qui soutiennent notre fragilité ; nous t'en prions : fais qu'ils deviennent aussi pour nous le sacrement de la vie éternelle. Par le Christ, notre Seigneur. ***— Amen.***

Antienne de la communion

Qu'ils rendent grâce au Seigneur
pour sa miséricorde, pour
ses merveilles envers les hommes :
car il rassasie l'âme épuisée, il comble
de biens celle qui a faim ! (cf. Ps 106, 8-9)

OU

Heureux ceux qui pleurent,
car ils seront consolés. Heureux
ceux qui ont faim et soif de la justice,
car ils seront rassasiés. (Mt 5, 4.6)

Prière après la communion

Tu as voulu, Seigneur Dieu, que nous ayons part au même pain et à la même coupe ; nous t'en prions : puisque nous sommes devenus un dans le Christ, que notre manière de vivre nous donne la joie de porter du fruit pour le salut du monde. Par le Christ, notre Seigneur. ***— Amen.***

22 - 28

INVITATION

La dédicace des églises consacrées est une solennité en France.
Et si j'allumais une bougie, aujourd'hui, dans une église ?

MERCREDI 25 OCTOBRE 2023

COMMENTAIRE

Mode veille

Luc 12, 39-48

L'irruption de la venue de Dieu dans nos vies est de l'ordre de l'inattendu. Il vient nous rejoindre pour nous combler de bonheur. Pour accueillir le Seigneur, veiller est essentiel. Veiller, se tenir prêt, réside dans notre capacité à attendre dans la durée. Veiller, c'est désirer la venue du Seigneur, c'est être une sentinelle qui attend sans fin l'aurore. ■

***Jean-Paul Musangania**, prêtre assomptionniste*

✲ CLÉ DE LECTURE

« On réclamera davantage »

Luc 12, 48 *(p. 177)*

Une finale sans concession, pour nous qui avons tant reçu ! Les verbes sont très clairs : il s'agit de ce qui a été donné, plus encore ce qui a été confié (placé auprès de nous). Nous sommes davantage portés à nous plaindre de ce que nous n'avons pas ou de notre impuissance à agir qu'à regarder et mesurer ce que nous avons vraiment entre les mains. Plus encore, la parabole précédente nous invite à réfléchir sur le crédit que le maître fait à son serviteur, autrement dit sur la confiance que Dieu nous a faite et ne cesse de nous faire. Dès lors comment hésiterions-nous à nous mettre, sans tarder et sans relâche, en tenue de service pour que ce monde et ces êtres que Dieu nous a confiés puissent recevoir au temps voulu tout ce dont ils ont besoin ? ■

***Roselyne Dupont-Roc**, bibliste*

Dédicace des églises consacrées

Couleur liturgique : blanc

On célèbre aujourd'hui les églises dont on ne connaît pas la date de consécration. Solennité en France.

Antienne d'ouverture

Dieu est admirable dans son temple saint, le Dieu d'Israël, c'est lui qui donne à son peuple force et puissance. Béni soit Dieu ! (Ps 67, 36)

Gloire à Dieu *(p. 218)*

Prière

Seigneur Dieu, chaque année, tu fais revivre pour nous le jour où cette église a été consacrée ; écoute les prières de ton peuple : fais que l'on te serve toujours en ce lieu dans la pureté du cœur et que nous obtenions ici la plénitude de la rédemption. Par Jésus… ***— Amen.***

Profession de foi *(p. 219)*

Prière sur les offrandes

Alors que nous rappelons devant toi, Seigneur, le jour où tu as rempli ta maison de gloire et de sainteté, nous te prions de nous transformer nous-mêmes en offrandes qui te soient toujours agréables. Par le Christ, notre Seigneur. ***— Amen.***

Préface de la dédicace, p. 226.

Antienne de la communion

Vous êtes un sanctuaire de Dieu,
et l'Esprit de Dieu habite en vous.
Le sanctuaire de Dieu est saint,
et ce sanctuaire, c'est vous.
(cf. 1 Co 3, 16-17)

Prière après la communion

Accorde au peuple qui t'est consacré, Seigneur, de recueillir les fruits et la joie de ta bénédiction, afin qu'ayant pris part à la liturgie de cette fête, il sache en vivre spirituellement. Par le Christ, notre Seigneur. ***— Amen.***

JEUDI 26 OCTOBRE 2023

29E SEMAINE DU TEMPS ORDINAIRE COULEUR LITURGIQUE : VERT

Temps ordinaire, *suggestion d'oraisons et d'antiennes n° 6*

Antienne d'ouverture

Sois pour moi le Dieu qui protège, un lieu de refuge pour me sauver. Car tu es mon appui et mon refuge : à cause de ton nom, tu seras mon guide et tu me nourriras. (cf. Ps 30, 3-4)

Prière

Seigneur Dieu, tu as promis d'habiter les cœurs droits et sincères ; donne-nous, par ta grâce, de vivre de telle manière que tu puisses faire en nous ta demeure. Par Jésus… — ***Amen.***

Lecture

de la lettre de saint Paul apôtre aux Romains (6, 19-23)

« Maintenant, libérés du péché, vous êtes devenus les esclaves de Dieu »

Frères, j'emploie un langage humain, adapté à votre faiblesse. Vous aviez mis les membres de votre corps au service de l'impureté et du désordre, ce qui mène au désordre ; de la même manière, mettez-les à présent au service de la justice, ce qui mène à la sainteté. Quand vous étiez esclaves du péché, vous étiez libres par rapport aux exigences de la justice. Qu'avez-vous récolté alors, à commettre des actes dont vous avez honte maintenant ? En effet, ces actes-là aboutissent à la mort. Mais maintenant que vous

avez été libérés du péché et que vous êtes devenus les esclaves de Dieu, vous récoltez ce qui mène à la sainteté, et cela aboutit à la vie éternelle. Car le salaire du péché, c'est la mort; mais le don gratuit de Dieu, c'est la vie éternelle dans le Christ Jésus notre Seigneur. – Parole du Seigneur.

Psaume 1

℟ ***Heureux est l'homme qui met sa foi dans le Seigneur.***

Heureux est l'homme
qui n'entre pas au conseil des méchants,
qui ne suit pas le chemin des pécheurs,
ne siège pas avec ceux qui ricanent,
mais se plaît dans la loi du Seigneur
et murmure sa loi jour et nuit ! ℟

Il est comme un arbre planté
près d'un ruisseau,
qui donne du fruit en son temps,
et jamais son feuillage ne meurt ;
tout ce qu'il entreprend réussira.
Tel n'est pas le sort des méchants. ℟

Mais ils sont comme la paille balayée
par le vent.
Le Seigneur connaît le chemin des justes,
mais le chemin des méchants se perdra. ℟

22 - 28

Acclamation de l'Évangile

Alléluia. Alléluia. J'ai tout perdu ; je considère tout comme des ordures, afin de gagner un seul avantage, le Christ et, en lui, d'être reconnu juste. ***Alléluia.***

Évangile de Jésus Christ

selon saint Luc (12, 49-53)

« Pensez-vous que je sois venu mettre la paix sur la terre ? Non, je vous le dis, mais bien plutôt la division »

En ce temps-là, Jésus disait à ses disciples : « Je suis venu apporter un feu sur la terre, et comme je voudrais qu'il soit déjà allumé ! Je dois recevoir un baptême, et quelle angoisse est la mienne jusqu'à ce qu'il soit accompli ! Pensez-vous que je sois venu mettre la paix sur la terre ? Non, je vous le dis, mais bien plutôt la division. Car désormais cinq personnes de la même famille seront divisées : trois contre deux et deux contre trois ; ils se diviseront : le père contre le fils et le fils contre le père, la mère contre la fille et la fille contre la mère, la belle-mère contre la belle-fille et la belle-fille contre la belle-mère. »

Prière sur les offrandes

Que cette offrande, nous t'en prions, Seigneur, nous purifie et nous renouvelle ; qu'elle devienne pour ceux qui accomplissent ta volonté la cause de la récompense éternelle. Par le Christ, notre Seigneur. — ***Amen.***

Antienne de la communion

Ils mangèrent, ils furent rassasiés,
Dieu comblait leur désir, leur attente
ne fut pas trompée. (Ps 77, 29-30)

OU

Dieu a tant aimé le monde
qu'il a donné son Fils unique :
ainsi, celui qui croit en lui
ne périra pas, mais il obtiendra
la vie éternelle. (Jn 3, 16)

Prière après la communion

Tu nous as fait goûter, Seigneur, aux joies du ciel, et nous te prions : donne-nous de toujours désirer ce qui nous fait vivre en vérité. Par le Christ, notre Seigneur. — ***Amen.***

INVITATION

Aujourd'hui, je peux dire la prière de Mère Teresa pour les familles divisées en la retrouvant en ligne.

COMMENTAIRE

Parole de feu

Luc 12, 49-53

« Je suis venu apporter un feu sur la terre. » Pour saint Luc, le feu est surtout le symbole de l'Esprit de Dieu, qui embrase les Apôtres au jour de la Pentecôte. Le feu est cette parole de vérité qui invite à la conversion et pénètre au plus profond de chacun. Il est parole qui réchauffe, bouscule, met en route pour suivre le Christ. Comment ce feu de l'Évangile me mobilise-t-il pour que j'apporte la chaleur de la Bonne Nouvelle à mes proches ? ■

Jean-Paul Musangania, prêtre assomptionniste

VENDREDI 27 OCTOBRE 2023

29E SEMAINE DU TEMPS ORDINAIRE COULEUR LITURGIQUE : VERT

Temps ordinaire, *suggestion d'oraisons et d'antiennes n° 7*

Antienne d'ouverture

Seigneur, j'ai mis mon espoir en ta miséricorde ;
mon cœur a exulté dans ton salut !
Je chanterai le Seigneur
pour le bien qu'il m'a fait. (cf. Ps 12, 6)

Prière

Dieu tout-puissant, nous t'en prions : accorde-nous de conformer à ta volonté nos paroles et nos actes dans une inlassable recherche des biens spirituels. Par Jésus…
— Amen.

Lecture

de la lettre de saint Paul apôtre aux Romains (7, 18-25a)

« Qui donc me délivrera de ce corps qui m'entraîne à la mort ? »

Frères, je sais que le bien n'habite pas en moi, c'est-à-dire dans l'être de chair que je suis. En effet, ce qui est à ma portée, c'est de vouloir le bien, mais pas de l'accomplir. Je ne fais pas le bien que je voudrais, mais je commets le mal que je ne voudrais pas. Si je fais le mal que je ne voudrais pas, alors ce n'est plus moi qui agis ainsi, mais c'est le péché, lui qui habite en moi. Moi qui voudrais faire le bien, je constate donc, en

moi, cette loi : ce qui est à ma portée, c'est le mal. Au plus profond de moi-même, je prends plaisir à la loi de Dieu. Mais, dans les membres de mon corps, je découvre une autre loi, qui combat contre la loi que suit ma raison et me rend prisonnier de la loi du péché présente dans mon corps. Malheureux homme que je suis ! Qui donc me délivrera de ce corps qui m'entraîne à la mort ? Mais grâce soit rendue à Dieu par Jésus Christ notre Seigneur !
– Parole du Seigneur.

Psaume 118 (119)

℟ ***Seigneur, apprends-moi tes commandements.***

Apprends-moi à bien saisir, à bien juger :
je me fie à tes volontés.
Toi, tu es bon, tu fais du bien :
apprends-moi tes commandements. ℟

Que j'aie pour consolation ton amour
selon tes promesses à ton serviteur !
Que vienne à moi ta tendresse, et je vivrai :
ta loi fait mon plaisir. ℟

Jamais je n'oublierai tes préceptes :
par eux tu me fais vivre.
Je suis à toi : sauve-moi,
car je cherche tes préceptes. ℟

Acclamation de l'Évangile

Alléluia. Alléluia. Tu es béni, Père, Seigneur du ciel et de la terre, tu as révélé aux tout-petits les mystères du Royaume ! ***Alléluia.***

VENDREDI 27 OCTOBRE 2023

Évangile de Jésus Christ
selon saint Luc (12, 54-59)

« Vous savez interpréter l'aspect de la terre et du ciel ; mais ce moment-ci, pourquoi ne savez-vous pas l'interpréter ? »

En ce temps-là, Jésus disait aux foules : « Quand vous voyez un nuage monter au couchant, vous dites aussitôt qu'il va pleuvoir, et c'est ce qui arrive. Et quand vous voyez souffler le vent du sud, vous dites qu'il fera une chaleur torride, et cela arrive. Hypocrites ! Vous savez interpréter l'aspect de la terre et du ciel ; mais ce moment-ci, pourquoi ne savez-vous pas l'interpréter ? Et pourquoi aussi ne jugez-vous pas par vous-mêmes ce qui est juste ? Ainsi, quand tu vas avec ton adversaire devant le magistrat, pendant que tu es en chemin mets tout en œuvre pour t'arranger avec lui, afin d'éviter qu'il ne te traîne devant le juge, que le juge ne te livre à l'huissier, et que l'huissier ne te jette en prison. Je te le dis : tu n'en sortiras pas avant d'avoir payé jusqu'au dernier centime. »

Prière sur les offrandes
En célébrant tes mystères, Seigneur, pour te servir comme il convient, nous te supplions humblement : que les dons offerts pour honorer ta gloire nous fassent progresser vers le salut. Par le Christ, notre Seigneur. ***— Amen.***

Antienne de la communion
Seigneur, je le crois :
tu es le Christ,
le Fils du Dieu vivant, celui qui vient
dans le monde. (Jn 11, 27)

OU

De tout mon cœur, Seigneur,
je rendrai grâce, je dirai
tes innombrables merveilles ; pour toi,
j'exulterai, je danserai, je fêterai
ton nom, Dieu Très-Haut. (Ps 9, 2-3)

Prière après la communion

Nous t'en prions, Dieu tout-puissant : donne-nous de recueillir tous les fruits de salut dont ces mystères sont déjà la promesse et le gage. Par le Christ, notre Seigneur. ***— Amen.***

INVITATION

Et si, aujourd'hui particulièrement, je priais avec l'une des antiennes de la communion ?

COMMENTAIRE

L'ami invisible

Luc 12, 54-59

La force du croyant réside dans la conversion de regard sur le monde. Le croyant peut se confier au Seigneur, dans les hauts et dans les bas de sa vie. Dieu nous accueille les bras grands ouverts, il nous arme de courage et de la certitude de sa présence réconfortante. Compagnon invisible dans nos luttes, Dieu est toujours présent, même si l'on n'en est pas conscient. Dans le bonheur comme dans l'angoisse, suis-je disposé à me tourner vers lui ? ■

Jean-Paul Musangania, *prêtre assomptionniste*

SAMEDI 28 OCTOBRE 2023

COULEUR LITURGIQUE : ROUGE

Saint Simon et saint Jude

Ier siècle. Deux des Apôtres de Jésus, associés dans la liturgie comme ils le sont dans la liste des Douze figurant dans les évangiles.

Antienne d'ouverture

Voici les saints Simon et Jude : le Seigneur les a vraiment aimés, il les a choisis et leur a donné une gloire éternelle.

Gloire à Dieu (p. 218)

Prière

Seigneur Dieu, tu nous as conduits à la connaissance de ton nom par la prédication des bienheureux Apôtres ; fais qu'à l'intercession des saints Simon et Jude, ton Église ne cesse de grandir en accueillant toujours de nouveaux peuples de croyants. Par Jésus… ***— Amen.***

Lectures propres à la fête de saint Simon et saint Jude.

Lecture

de la lettre de saint Paul apôtre aux Éphésiens (2, 19-22)

« Intégrés dans la construction qui a pour fondations les Apôtres »

Frères, vous n'êtes plus des étrangers ni des gens de passage, vous êtes concitoyens des saints, vous êtes membres de la famille de Dieu, car vous avez été intégrés dans la construction qui a pour fondations les Apôtres et les prophètes ; et la pierre angulaire, c'est le Christ Jésus

lui-même. En lui, toute la construction s'élève harmonieusement pour devenir un temple saint dans le Seigneur. En lui, vous êtes, vous aussi, les éléments d'une même construction pour devenir une demeure de Dieu par l'Esprit Saint.
– Parole du Seigneur.

Psaume 18A (19)

℟ ***Par toute la terre s'en va leur message.***

Les cieux proclament la gloire de Dieu,
le firmament raconte l'ouvrage de ses mains.
Le jour au jour en livre le récit
et la nuit à la nuit en donne connaissance. ℟

Pas de paroles dans ce récit,
pas de voix qui s'entende ;
mais sur toute la terre en paraît le message
et la nouvelle, aux limites du monde. ℟

Acclamation de l'Évangile

Alléluia. Alléluia. À toi, Dieu, notre louange ! Toi, le Seigneur, nous t'acclamons. C'est toi que les Apôtres glorifient. ***Alléluia.***

Évangile de Jésus Christ

selon saint Luc (6, 12-19)

« Il en choisit douze auxquels il donna le nom d'Apôtres »

En ces jours-là, Jésus s'en alla dans la montagne pour prier, et il passa toute la nuit à prier Dieu. Le jour venu, il appela ses disciples et en choisit douze auxquels il donna le nom d'Apôtres : Simon, auquel il donna le nom de Pierre, André son frère, Jacques, Jean, Philippe, Barthélemy,

Matthieu, Thomas, Jacques fils d'Alphée, Simon appelé le Zélote, Jude fils de Jacques, et Judas Iscariote, qui devint un traître. Jésus descendit de la montagne avec eux et s'arrêta sur un terrain plat. Il y avait là un grand nombre de ses disciples et une grande multitude de gens venus de toute la Judée, de Jérusalem, et du littoral de Tyr et de Sidon. Ils étaient venus l'entendre et se faire guérir de leurs maladies ; ceux qui étaient tourmentés par des esprits impurs retrouvaient la santé. Et toute la foule cherchait à le toucher, parce qu'une force sortait de lui et les guérissait tous.

Prière sur les offrandes

En vénérant la gloire éternelle des saints apôtres Simon et Jude, nous te supplions, Seigneur : accueille nos prières et fais-nous participer dignement aux mystères que nous célébrons. Par le Christ, notre Seigneur. **— *Amen.***

Préface des Apôtres, p. 224.

Antienne de la communion

Si quelqu'un m'aime,
il gardera ma parole,
dit le Seigneur ;
mon Père l'aimera,
nous viendrons vers lui
et, chez lui, nous nous ferons
une demeure.
(Jn 14, 23)

Prière après la communion

Après avoir reçu ton sacrement, Seigneur, nous te supplions dans l'Esprit Saint : que le sacrifice offert aujourd'hui pour célébrer la passion des apôtres Simon et Jude nous garde dans ton amour. Par le Christ, notre Seigneur.

— ***Amen.***

INVITATION

Selon la tradition, saint Simon et saint Jude, fêtés ce jour, ont prêché l'Évangile jusqu'en Perse. Je peux prier pour le retour de la liberté religieuse en Iran.

COMMENTAIRE

Des missionnaires à l'appel

Luc 6, 12-19

Jésus choisit des hommes très différents pour participer à sa mission. Ils sont chargés de porter sa parole et d'être ses témoins dans le monde entier. Ils apprennent à faire confiance à celui qui les accompagne. Ils s'ajustent au Seigneur, apprenant à faire de justes choix et à prendre de bonnes décisions au quotidien. Cela change la vie ! Comment recevons-nous cet appel à participer à la mission ? ■

Jean-Paul Musangania, *prêtre assomptionniste*

DIMANCHE 29 OCTOBRE 2023

30E DIMANCHE DU TEMPS ORDINAIRE

ANNÉE A – COULEUR LITURGIQUE : VERT

« Tu aimeras le Seigneur ton Dieu de tout ton cœur. [...] Tu aimeras ton prochain comme toi-même. » Le double commandement de l'amour condense la Loi et les Prophètes. Voilà tout un programme ! Aimer, ce n'est pas seulement un sentiment, c'est entrer dans une dynamique, celle où nous voulons le bonheur de l'autre. En ce dimanche, demandons à Dieu de libérer en nos cœurs nos capacités à aimer et à bâtir un monde plus fraternel.

RITES INITIAUX

Chant d'entrée *(Suggestions p. 244)*
OU
Antienne d'ouverture
Joie pour les cœurs qui cherchent Dieu.
Cherchez le Seigneur, et vous serez affermis,
recherchez sans trêve sa face. (cf. Ps 104, 3-4)

Suggestion de préparation pénitentielle *(ou p. 216)*
Aimer Dieu, aimer notre prochain. Tant d'obstacles nous empêchent de vivre ce double amour. Tournons-nous vers Dieu, demandons-lui pardon pour nos péchés.

Seigneur Jésus, notre roc, notre forteresse, tu nous libères de nos incapacités à aimer. Kyrie, eleison.
— Kyrie, eleison.
Ô Christ, notre rocher imprenable, tu es victorieux de nos égoïsmes et de nos haines. Christe, eleison.
— Christe, eleison.
Seigneur, toi qui aimes les hommes à la folie, tu nous sauves de tous nos ennemis. Kyrie, eleison.
— Kyrie, eleison.

Que Dieu tout-puissant nous fasse miséricorde ; qu'il nous pardonne nos péchés et nous conduise à la vie éternelle. ***— Amen.***

Gloire à Dieu (p. 218)

Prière

Dieu éternel et tout-puissant, augmente en nous la foi, l'espérance et la charité ; et pour que nous puissions obtenir ce que tu promets, fais-nous aimer ce que tu commandes. Par Jésus… ***— Amen.***

LITURGIE DE LA PAROLE

Lecture du livre de l'Exode (22, 20-26)

« Si tu accables la veuve et l'orphelin, ma colère s'enflammera »

Ainsi parle le Seigneur : « Tu n'exploiteras pas l'immigré, tu ne l'opprimeras pas, car vous étiez vous-mêmes des immigrés au pays d'Égypte. Vous n'accablerez pas la veuve et l'orphelin. Si tu les accables et qu'ils crient vers moi, j'écouterai leur cri. Ma colère s'enflammera et je vous ferai périr par l'épée : vos femmes deviendront veuves, et vos fils, orphelins.

« Si tu prêtes de l'argent à quelqu'un de mon peuple, à un pauvre parmi tes frères, tu n'agiras pas envers lui comme un usurier : tu ne lui imposeras pas d'intérêts. Si tu prends en gage le manteau de ton prochain, tu le lui rendras avant le coucher du soleil. C'est tout ce qu'il a pour se couvrir ; c'est le manteau dont il s'enveloppe, la seule couverture qu'il ait pour dormir. S'il crie vers moi, je l'écouterai, car moi, je suis compatissant ! » – Parole du Seigneur.

Psaume 17 (18)

℟ *Je t'aime, Seigneur, ma force.*

T. : AELF ; M. : B. Delattre ; Éd. : ADF.

Je t'aime, Seigneur, ma force :
Seigneur, mon roc, ma forteresse,
Dieu mon libérateur, le rocher qui m'abrite,
mon bouclier, mon fort, mon arme de victoire ! ℟

Louange à Dieu ! Quand je fais appel au Seigneur,
je suis sauvé de tous mes ennemis.
Lui m'a dégagé, mis au large,
il m'a libéré, car il m'aime. ℟

Vive le Seigneur ! Béni soit mon Rocher !
Qu'il triomphe, le Dieu de ma victoire !
Il donne à son roi de grandes victoires,
il se montre fidèle à son messie. ℟

Lecture de la première lettre de saint Paul apôtre
aux Thessaloniciens (1, 5c-10)

« Vous vous êtes convertis à Dieu en vous détournant des idoles afin de servir Dieu et d'attendre son Fils »

Frères, vous savez comment nous nous sommes comportés chez vous pour votre bien. Et vous-mêmes, en fait, vous nous avez imités, nous et le Seigneur, en accueillant la Parole au milieu de bien des épreuves, avec la joie de l'Esprit Saint. Ainsi vous êtes devenus un modèle pour tous les croyants de Macédoine et de Grèce. Et ce n'est pas seulement en Macédoine et en Grèce qu'à partir de chez vous la parole du Seigneur a retenti, mais la nouvelle de votre foi en Dieu s'est si bien répandue partout que nous n'avons pas besoin d'en parler. En effet, les gens racontent, à notre sujet, l'accueil que nous avons reçu chez vous ; ils disent comment vous vous êtes convertis à Dieu en vous détournant des idoles, afin de servir le Dieu vivant et véritable, et afin d'attendre des cieux son Fils qu'il a ressuscité d'entre les morts, Jésus, qui nous délivre de la colère qui vient.

– Parole du Seigneur.

Acclamation de l'Évangile

Alléluia. Alléluia. Si quelqu'un m'aime, il gardera ma parole, dit le Seigneur ; mon Père l'aimera, et nous viendrons vers lui. ***Alléluia.***

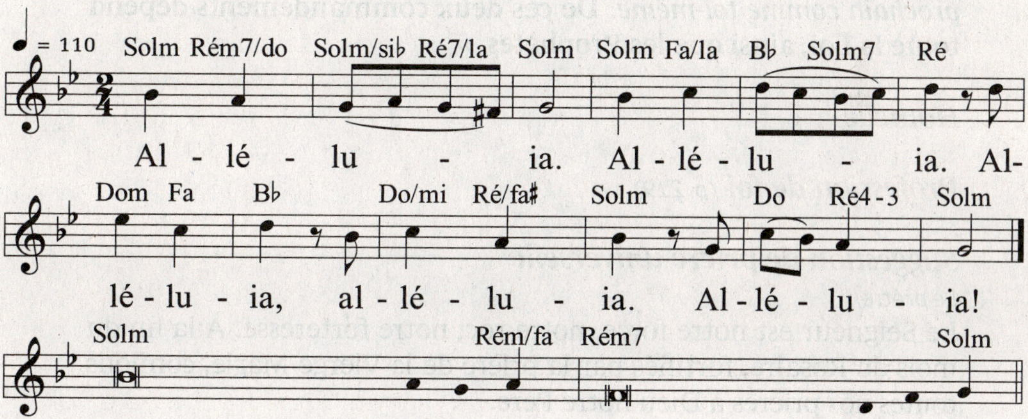

T. : AELF; M. : P. Robert.

Évangile de Jésus Christ selon saint Matthieu (22, 34-40)

« Tu aimeras le Seigneur ton Dieu, et ton prochain comme toi-même »

En ce temps-là, les pharisiens, apprenant que Jésus avait fermé la bouche aux sadducéens, se réunirent, et l'un d'entre eux, un docteur de la Loi, posa une question à Jésus pour le mettre à l'épreuve : « Maître, dans la Loi, quel est le grand commandement ? »

Jésus lui répondit : « *Tu aimeras le Seigneur ton Dieu de tout ton cœur, de toute ton âme et de tout ton esprit.* Voilà le grand, le premier commandement. Et le second lui est semblable : *Tu aimeras ton prochain comme toi-même.* De ces deux commandements dépend toute la Loi, ainsi que les Prophètes. »

Homélie

Profession de foi *(p. 219)*

Suggestion de prière universelle

Le prêtre :

Le Seigneur est notre force, notre roc, notre forteresse. À la fin du mois du Rosaire, fortifiés par la prière de la Vierge Marie, confions toutes nos prières à Dieu notre Père.

℟ ***Entends, Seigneur, la prière qui monte de nos cœurs.***

Bayard Liturgie.

Le diacre ou un lecteur :

Pour notre Église en synode, qu'elle adopte l'écoute et le dialogue comme style de vie à tous les niveaux, avec toute l'Église, nous te prions, Seigneur. ℟

Pour les jeunes qui s'engagent dans la politique, qu'ils soient portés par idéaux de justice et de souci des plus petits, avec Marie, nous te prions, Seigneur. ℟

Pour les personnes blessées dans leur capacité d'aimer et d'être aimées, qu'elles vivent, dans l'Église, d'authentiques expériences d'amitié et de fraternité, avec Marie, nous te prions, Seigneur. ℟

Pour les familles de notre assemblée réunie en ce jour, que, de jour en jour, elles grandissent dans la joie et dans l'amour, avec Marie, nous te prions, Seigneur. ℟

(Ces intentions seront adaptées ou modifiées selon les circonstances.)

Le prêtre :

Dieu notre Père, nous nous tournons vers toi avec confiance. Daigne exaucer nos prières. Par le Christ, notre Seigneur.
— Amen.

LITURGIE EUCHARISTIQUE

Prière sur les offrandes

Regarde les présents que nous t'offrons, nous t'en prions, Seigneur, Dieu de majesté : permets que notre célébration soit d'abord tournée vers ta gloire. Par le Christ, notre Seigneur. ***— Amen.***

Prière eucharistique *(Préface des dimanches, p. 222)*

Chant de communion *(Suggestions p. 244)*
OU
Antienne de la communion
Nous trouverons la joie en ton salut,
et la grandeur dans le nom de notre Dieu.
(cf. Ps 19, 6)
OU
Le Christ nous a aimés et s'est livré lui-même pour nous,
s'offrant en sacrifice à Dieu, comme un parfum d'agréable odeur.
(Ep 5, 2)

Prière après la communion
Que tes sacrements, Seigneur, nous t'en prions, achèvent de produire en nous ce qu'ils contiennent ; puissions-nous saisir dans sa pleine vérité ce que notre célébration préfigure aujourd'hui. Par le Christ, notre Seigneur. – ***Amen.***

RITE DE CONCLUSION

Bénédiction

Envoi

COMMENTAIRE DU DIMANCHE

Karem Bustica, rédactrice en chef de *Prions en Église*

Ce qui fonde la foi

L'enseignement de Jésus dérange et tous les spécialistes de la Loi cherchent à le prendre en faute. Les partisans d'Hérode l'interrogent sur l'impôt, les sadducéens sur la résurrection et, tous ayant échoué, voici venu le tour des pharisiens. La Loi comporte jusqu'à 613 préceptes qui, appliqués à la lettre, disent la fidélité du croyant envers Dieu. Mais la pratique est complexe et le judaïsme de l'époque se divise sur le fait de hiérarchiser ou non l'ensemble des prescriptions. Jésus doit tomber dans ce piège. Mais non, les pharisiens n'y réussissent pas plus que les autres avant eux !

Jésus cite tour à tour le livre du Deutéronome (Dt 6, 4) et le livre du Lévitique (Lv 19, 18). L'un pour rappeler l'amour de Dieu, l'autre pour lui attacher l'amour du prochain. Ainsi Jésus •••

••• rappelle deux principes valables pour les disciples de tous les temps. Premièrement, que l'amour de Dieu est le fondement de la vie morale et religieuse. À quoi bon être gentil et bon pratiquant si le cœur n'est pas tourné vers Dieu ? Autrement dit, la foi au Christ se fonde d'abord sur sa rencontre personnelle avant de se définir sur un ensemble de règles à respecter. Le second, que l'amour de Dieu ne peut s'exprimer autrement que dans l'amour du prochain. « Celui qui n'aime pas son frère, qu'il voit, est incapable d'aimer Dieu, qu'il ne voit pas », rappelle saint Jean dans sa première lettre (1 Jn 4, 20). Et l'inverse est tout aussi valable. La prière, comme lieu de rencontre avec Dieu, et la charité, comme lieu de service de mon prochain, sont le même et le plus grand des commandements !

Comment est-ce que je reçois aujourd'hui
cet enseignement de Jésus ? ■

Prions en Église **Junior**

LIRE L'ÉVANGILE AVEC LES ENFANTS

CE QUE JE DÉCOUVRE

Être un ami de Dieu, tu peux trouver cela compliqué : il y a tellement de commandements ! Alors Jésus les résume tous en deux phrases : « Aime Dieu. Aime ton prochain. » **Quand nous aimons Dieu de tout notre cœur, il le remplit encore plus d'amour.** Son amour nous permet d'aimer encore plus nos parents, nos frères et nos sœurs, nos amis, tous ceux qui nous entourent.

CE QUE JE VIS

Quelles sont les règles, à la maison ? Comment montres-tu aux autres que tu les aimes ? Donne trois exemples.
Sur une feuille, au centre, dans un grand cœur, écris « Jésus ». Puis autour, dans des cœurs de toutes les couleurs, écris les prénoms des personnes importantes pour toi.

Texte : Cédric Kuntz. Illustrations : Marcelino Truong

MÉDITATION BIBLIQUE

30E DIMANCHE DU TEMPS ORDINAIRE

Livre de l'Exode 22, 20-26

La compassion de Dieu

Le Décalogue (Ex 20, 2-17) donne les moyens de parachever la libération d'Égypte en posant les balises qui permettront de mener une vie ajustée à Dieu, au prochain et à soi-même. Puis le livre de l'Exode propose un « code » ou « livre de l'alliance » (Ex 20 ; 22-23 ; 33).

Le temps de la préparation

« Je t'aime, Seigneur, ma force : Seigneur, mon roc, ma forteresse. » (Ps 17, 2)

Le temps de l'observation

Dieu s'engage ici pour l'immigré, la veuve et l'orphelin, l'indigent. Leur cause est la sienne. Il est celui qui écoute leur cri et agit en conséquence. Nous pourrions dire aussi que l'exploitation de ces personnes porte en elle-même les germes de la destruction d'une société qui leur refuse les moyens de vivre. Ben Sira le Sage explique ce processus : « Ne retire pas au pauvre ce qu'il lui faut pour vivre, ne fais pas attendre le regard d'un indigent. Ne fais pas souffrir un affamé » (Si 4, 1-10). Car cela revient à provoquer le trouble, l'irritation, l'amertume chez autrui et à lui donner l'occasion de maudire celui qui oublie de le soulager. L'étranger est ici l'immigrant, le réfugié, figure de l'altérité et d'une commune humanité. La veuve et l'orphelin représentent, dans une société patriarcale, la misère et la vulnérabilité absolues. Quant à l'indigent, il manque du nécessaire. Ce qui fonde ici les lois les concernant n'est rien d'autre que la compassion de Dieu, sa capacité à partager la souffrance de ses créatures.

Le temps de la méditation

Ce texte nous invite, à travers des pratiques très concrètes, à contempler la compassion de Dieu. Pour Rachi, commentateur juif médiéval, le terme hébreu employé connote la gratuité. C'est-à-dire que Dieu écoute tous les opprimés, même si ceux-ci ne sont pas des justes. Voilà qui nous renvoie au Christ qui nous a aimés et a porté nos fardeaux. Sans oublier la parabole du débiteur dont la dette a été remise par le maître compatissant et qui va se jeter, sans aucune pitié, sur le compagnon qui lui doit quelque argent (Mt 18, 23-35). De quoi nous interroger également avec Jean Chrysostome sur ce qui nous détourne des étrangers, des indigents, de la veuve et de l'orphelin. L'égoïsme et la crispation sur notre avoir, certes, mais, plus encore, nous dit-il, la peur de nous confronter à notre propre vulnérabilité, à la preuve vivante que personne n'est à l'abri du malheur. Des versets d'actualité qui nous invitent à demander à Dieu d'élargir l'espace de notre cœur.

Le temps de la prière

« Et lui m'a dégagé,
mis au large. » (Ps 17, 20) ■

Emmanuelle Billoteau, ermite

PARTAGE BIBLIQUE

Environ 45 minutes

Une bible ou Prions en Église, *page 196*

« VOUS VOUS ÊTES CONVERTIS À DIEU » (1 TH 1, 5C-10)

Lire

Prenons le temps de nous imprégner du début de cette lettre de Paul. Nous pouvons lire ce passage en entier, à partir du verset 1.

Comprendre le texte

Cette lettre est le premier écrit du Nouveau Testament qui nous soit parvenu. L'apôtre Paul l'a envoyée depuis Corinthe, durant l'hiver 50-51, vingt ans après la mort et la résurrection de Jésus, situées en l'an 30 de notre ère. Il décerne à ses correspondants, qui sont en majorité des helléno-chrétiens (cf. 1 Th 1, 9), le titre d'Église ; le terme désigne, chez les Grecs, l'assemblée des citoyens d'une cité convoquée par les magistrats, mais aussi, dans la Bible, le rassemblement du peuple de Dieu au pied du Sinaï. Ces helléno-chrétiens sont donc, eux aussi, convoqués par Dieu. Dans sa lettre, Paul se souvient de leur foi active, du labeur de leur charité au service de Dieu et des autres, et de leur espérance dans l'attente de la venue glorieuse de Jésus Christ. En conséquence, Paul applique à ces helléno-chrétiens les termes mêmes que le Seigneur adresse au peuple élu : ils sont frères, ils sont bien-aimés de Dieu, ils sont élus comme l'est Israël. Paul peut l'affirmer parce que lui, Silvain et Timothée n'ont pas fait entendre seulement leur parole d'homme aux Thessaloniciens, mais la parole puissante de Dieu, accompagnée de l'Esprit Saint qui a saisi ces gens au cœur pour les conduire à une pleine certitude.

Partager

- Ma paroisse s'ouvre-t-elle à tous ?
- En quoi la communauté chrétienne que je côtoie représente-t-elle l'Église universelle ?
- Quelles sont les nouveautés que je voudrais voir naître dans ma paroisse ?

Prier

Prions pour nos paroisses et prenons le chant : *Béni sois-tu, Seigneur Jésus, pour ton Église* (p. 255). ■

Sylvain Gasser,
prêtre assomptionniste

LUNDI 30 OCTOBRE 2023

30E SEMAINE DU TEMPS ORDINAIRE COULEUR LITURGIQUE : VERT

Temps ordinaire, *suggestion d'oraisons et d'antiennes n° 8*

Antienne d'ouverture

Le Seigneur s'est fait mon protecteur,
il m'a dégagé, mis au large, il m'a libéré,
car il m'aime. (cf. Ps 17, 19-20)

Prière

Nous t'en prions, Seigneur, accorde-nous de vivre dans un monde où les événements se déroulent selon ton dessein de paix, et où ton Église connaisse la joie de te servir dans la sérénité. Par Jésus… ***— Amen.***

Lecture

de la lettre de saint Paul apôtre aux Romains (8, 12-17)

« Vous avez reçu un Esprit qui fait de vous des fils ;
et c'est en lui que nous crions "Abba !", c'est-à-dire : Père ! »

Frères, nous avons une dette, mais elle n'est pas envers la chair pour devoir vivre selon la chair. Car si vous vivez selon la chair, vous allez mourir ; mais si, par l'Esprit, vous tuez les agissements de l'homme pécheur, vous vivrez. En effet, tous ceux qui se laissent conduire par l'Esprit de Dieu, ceux-là sont fils de Dieu. Vous n'avez pas reçu un esprit qui fait de vous des esclaves et vous ramène à la peur ; mais vous avez reçu un Esprit

qui fait de vous des fils ; et c'est en lui que nous crions « *Abba !* », c'est-à-dire : Père ! C'est donc l'Esprit Saint lui-même qui atteste à notre esprit que nous sommes enfants de Dieu. Puisque nous sommes ses enfants, nous sommes aussi ses héritiers : héritiers de Dieu, héritiers avec le Christ, si du moins nous souffrons avec lui pour être avec lui dans la gloire.

– Parole du Seigneur.

Psaume 67 (68)

℟ ***Le Dieu qui est le nôtre est le Dieu des victoires.***

Dieu se lève et ses ennemis se dispersent,
ses adversaires fuient devant sa face.
Mais les justes sont en fête, ils exultent ;
devant la face de Dieu ils dansent de joie. ℟

Père des orphelins, défenseur des veuves,
tel est Dieu dans sa sainte demeure.
À l'isolé, Dieu accorde une maison ;
aux captifs, il rend la liberté. ℟

Que le Seigneur soit béni !
Jour après jour, ce Dieu
nous accorde la victoire.
Le Dieu qui est le nôtre
est le Dieu des victoires,
et les portes de la mort
sont à Dieu, le Seigneur. ℟

Acclamation de l'Évangile

Alléluia. Alléluia. Ta parole, Seigneur, est vérité ; dans cette vérité, sanctifie-nous. ***Alléluia.***

LUNDI 30 OCTOBRE 2023

Évangile de Jésus Christ

selon saint Luc (13, 10-17)

« Cette fille d'Abraham, ne fallait-il pas la délivrer de ce lien le jour du sabbat ? »

En ce temps-là, Jésus était en train d'enseigner dans une synagogue, le jour du sabbat. Voici qu'il y avait là une femme, possédée par un esprit qui la rendait infirme depuis dix-huit ans ; elle était toute courbée et absolument incapable de se redresser. Quand Jésus la vit, il l'interpella et lui dit : « Femme, te voici délivrée de ton infirmité. » Et il lui imposa les mains. À l'instant même elle redevint droite et rendait gloire à Dieu. Alors le chef de la synagogue, indigné de voir Jésus faire une guérison le jour du sabbat, prit la parole et dit à la foule : « Il y a six jours pour travailler ; venez donc vous faire guérir ces jours-là, et non pas le jour du sabbat. » Le Seigneur lui répliqua : « Hypocrites ! Chacun de vous, le jour du sabbat, ne détache-t-il pas de la mangeoire son bœuf ou son âne pour le mener boire ? Alors cette femme, une fille d'Abraham, que Satan avait liée voici dix-huit ans, ne fallait-il pas la délivrer de ce lien le jour du sabbat ? » À ces paroles de Jésus, tous ses adversaires furent remplis de honte, et toute la foule était dans la joie à cause de toutes les actions éclatantes qu'il faisait.

Prière sur les offrandes

Seigneur Dieu, ce qui est offert en l'honneur de ton nom, c'est toi qui le donnes, et tu reconnais dans ces offrandes notre attachement à ton service ; nous implorons ta bonté : que ta largesse, d'où vient notre mérite, contribue à notre récompense éternelle. Par le Christ, notre Seigneur. ***— Amen.***

Antienne de la communion

Je chanterai le Seigneur
pour le bien qu'il m'a fait ;
je fêterai le nom du Seigneur,
le Très-Haut. (cf. Ps 12, 6 ; 9A, 3)
OU
Je suis avec vous tous les jours
jusqu'à la fin du monde,
dit le Seigneur. (Mt 28, 20)

Prière après la communion

Tu nous as rassasiés, Seigneur, par ce don qui nous sauve, et nous implorons ta miséricorde : par ce même sacrement qui nous fortifie en cette vie, rends-nous, dans ta bonté, participants de la vie éternelle. Par le Christ, notre Seigneur. **— *Amen.***

INVITATION

Quelles lectures de ce mois-ci me marquent particulièrement ?
Je peux les relire dans mon « Prions ».

COMMENTAIRE

Triste chair Romains 8, 12-17

Paul ne méprise pas le corps, qu'il nomme « temple de l'Esprit » (cf. 1 Co 6, 19). La « chair », selon lui, c'est l'humain centré sur lui-même, noué par la peur de perdre. Triste vie qui nous condamne à l'accumulation, à la compétition. Pour ne pas mourir, on meurt à la vraie vie, qui est relation. En nous donnant accès à l'amour infini du Père, l'Esprit Saint nous ouvre à une existence délivrée de la peur. ■

***Jean-Marc Liautaud**, Fondacio*

MARDI 31 OCTOBRE 2023

30E SEMAINE DU TEMPS ORDINAIRE COULEUR LITURGIQUE : VERT

Temps ordinaire, *suggestion d'oraisons et d'antiennes n° 9*

Antienne d'ouverture

Regarde-moi, Seigneur, et prends pitié de moi,
de moi qui suis seul et misérable.
Vois ma misère et ma peine,
enlève tous mes péchés, toi, mon Dieu.
(cf. Ps 24, 16.18)

Prière

Seigneur Dieu, nous en appelons à ta providence qui, dans ses desseins, jamais ne se trompe, et nous te supplions humblement : tout ce qui fait du mal, écarte-le, donne-nous ce qui pourra nous aider. Par Jésus… ***— Amen.***

Lecture

de la lettre de saint Paul apôtre aux Romains (8, 18-25)

« La création attend avec impatience la révélation des fils de Dieu »

Frères, j'estime qu'il n'y a pas de commune mesure entre les souffrances du temps présent et la gloire qui va être révélée pour nous. En effet, la création attend avec impatience la révélation des fils de Dieu. Car la création a été soumise au pouvoir du néant, non pas de son plein gré, mais à cause de celui qui l'a livrée à ce pouvoir. Pourtant, elle a gardé

l'espérance d'être, elle aussi, libérée de l'esclavage de la dégradation, pour connaître la liberté de la gloire donnée aux enfants de Dieu. Nous le savons bien, la création tout entière gémit, elle passe par les douleurs d'un enfantement qui dure encore. Et elle n'est pas seule. Nous aussi, en nous-mêmes, nous gémissons ; nous avons commencé à recevoir l'Esprit Saint, mais nous attendons notre adoption et la rédemption de notre corps. Car nous avons été sauvés, mais c'est en espérance ; voir ce qu'on espère, ce n'est plus espérer : ce que l'on voit, comment peut-on l'espérer encore ? Mais nous, qui espérons ce que nous ne voyons pas, nous l'attendons avec persévérance.

– Parole du Seigneur.

Psaume 125 (126)

℟ ***Quelles merveilles le Seigneur fit pour nous !***

Quand le Seigneur ramena les captifs à Sion,
nous étions comme en rêve !
Alors notre bouche était pleine de rires,
nous poussions des cris de joie. ℟

Alors on disait parmi les nations :
« Quelles merveilles fait
pour eux le Seigneur ! »
Quelles merveilles le Seigneur fit pour nous :
nous étions en grande fête ! ℟

Ramène, Seigneur, nos captifs,
comme les torrents au désert.
Qui sème dans les larmes
moissonne dans la joie. ℟

Il s'en va, il s'en va en pleurant,
il jette la semence ;
il s'en vient, il s'en vient dans la joie,
il rapporte les gerbes. ℟

Acclamation de l'Évangile

Alléluia. Alléluia. Tu es béni, Père, Seigneur du ciel et de la terre, tu as révélé aux tout-petits les mystères du Royaume ! ***Alléluia.***

Évangile de Jésus Christ

selon saint Luc (13, 18-21)

« La graine a poussé, elle est devenue un arbre »

En ce temps-là, Jésus disait : « À quoi le règne de Dieu est-il comparable, à quoi vais-je le comparer ? Il est comparable à une graine de moutarde qu'un homme a prise et jetée dans son jardin. Elle a poussé, elle est devenue un arbre, et les oiseaux du ciel ont fait leur nid dans ses branches. » Il dit encore : « À quoi pourrai-je comparer le règne de Dieu ? Il est comparable au levain qu'une femme a pris et enfoui dans trois mesures de farine, jusqu'à ce que toute la pâte ait levé. »

Prière sur les offrandes

Confiants dans ta tendresse, Seigneur, nous approchons de ton autel avec respect en apportant nos présents ; puissions-nous, par un effet de ta grâce qui nous purifie, être renouvelés par ces mystères que nous célébrons. Par le Christ, notre Seigneur. — ***Amen.***

Antienne de la communion

J'ai crié vers toi, Dieu qui m'as exaucé :
incline ton oreille, entends
ce que je dis. (cf. Ps 16, 6)

OU

Amen, je vous le dis :
tout ce que vous demandez
dans la prière, croyez que vous l'avez
obtenu, et cela vous sera accordé,
dit le Seigneur. (Mc 11, 23.24)

Prière après la communion

Guide-nous par ton Esprit, nous t'en prions, Seigneur, toi qui nous as nourris du corps et du sang de ton Fils : accorde-nous de te rendre témoignage, non seulement en paroles et par des discours, mais aussi en actes et en vérité, pour mériter d'entrer dans le royaume des Cieux. Par le Christ, notre Seigneur. — ***Amen.***

INVITATION

Je pourrais m'inscrire à une neuvaine de prière pour les défunts ou participer à un pèlerinage au sanctuaire de Montligeon.

COMMENTAIRE

La perspective de l'espérance

Romains 8, 18-25

Les textes d'aujourd'hui débordent d'espérance. Non pas un espoir à bon compte qui nous épargnerait les difficultés, mais une force lucide qui épouse la tragique condition humaine tout en nous soutenant dans notre marche vers la plénitude. Car nous sommes impliqués de tout notre être – et le monde entier avec nous – dans cette coûteuse assomption d'un univers libéré de la peur de vivre et d'aimer. ■

Jean-Marc Liautaud, *Fondacio*

Liturgie de la messe

RITES INITIAUX

Le chant d'entrée achevé, le prêtre et les fidèles, debout, font le signe de la croix, tandis que le prêtre, tourné vers le peuple, dit :

Au nom du Père, et du Fils, et du Saint-Esprit.

Le peuple répond :

— Amen.

Salutation

La grâce de Jésus, le Christ, notre Seigneur, l'amour de Dieu le Père, et la communion de l'Esprit Saint soient toujours avec vous.

— Et avec votre esprit.

Ou bien : Que la grâce et la paix de Dieu notre Père et du Seigneur Jésus, le Christ, soient toujours avec vous.

— Et avec votre esprit.

Ou bien : Le Seigneur soit avec vous.

— Et avec votre esprit.

Acte pénitentiel

Frères et sœurs, préparons-nous à célébrer le mystère de l'eucharistie, en reconnaissant que nous avons péché.

(1) Je confesse à Dieu tout-puissant, je reconnais devant vous, frères et sœurs, que j'ai péché en pensée, en parole, par action et par omission ; oui, j'ai vraiment péché. C'est pourquoi je supplie la bienheureuse Vierge Marie, les anges et tous les saints, et vous aussi, frères et sœurs, de prier pour moi le Seigneur notre Dieu.

(2) Prends pitié de nous, Seigneur. ***— Nous avons péché contre toi.***
Montre-nous, Seigneur, ta miséricorde. ***— Et donne-nous ton salut.***

(3) Seigneur Jésus, envoyé pour guérir les cœurs qui reviennent vers toi :
Seigneur, prends pitié. ***— Seigneur, prends pitié.***
Ô Christ, venu appeler les pécheurs : ô Christ, prends pitié.
— Ô Christ, prends pitié.
Seigneur, qui sièges à la droite du Père où tu intercèdes pour nous :
Seigneur, prends pitié. ***— Seigneur, prends pitié.***

Que Dieu tout-puissant nous fasse miséricorde ; qu'il nous pardonne nos péchés et nous conduise à la vie éternelle. ***— Amen.***

Ensuite, on chante ou on dit le Kyrie eleison (Seigneur, prends pitié), à moins qu'il n'ait été déjà employé dans une formule de l'acte pénitentiel (c'est le cas de la précédente).

Kyrie, eleison. ***— Kyrie, eleison.***
Christe, eleison. ***— Christe, eleison.***
Kyrie, eleison. ***— Kyrie, eleison.***
ou bien : Seigneur, prends pitié. ***— Seigneur, prends pitié.***
Ô Christ, prends pitié. ***— Ô Christ, prends pitié.***
Seigneur, prends pitié. ***— Seigneur, prends pitié.***

Gloire à Dieu

Gloire à Dieu, au plus haut des cieux, et paix sur la terre aux hommes, qu'il aime. Nous te louons, nous te bénissons, nous t'adorons, nous te glorifions, nous te rendons grâce, pour ton immense gloire, Seigneur Dieu, Roi du ciel, Dieu le Père tout-puissant.
Seigneur, Fils unique, Jésus Christ, Seigneur Dieu,
Agneau de Dieu, le Fils du Père ;
toi qui enlèves les péchés du monde, prends pitié de nous ;
toi qui enlèves les péchés du monde, reçois notre prière ;
toi qui es assis à la droite du Père, prends pitié de nous.
Car toi seul es Saint, toi seul es Seigneur, toi seul es le Très-Haut :
Jésus Christ, avec le Saint-Esprit dans la gloire de Dieu le Père. Amen.

Gloria in excelsis Deo et in terra pax hominibus bonæ voluntatis. Laudamus te, benedicimus te, adoramus te, glorificamus te, gratias agimus tibi propter magnam gloriam tuam, Domine Deus, Rex cælestis, Deus Pater omnipotens. Domine Fili unigenite, Iesu Christe, Domine Deus, Agnus Dei, Filius Patris, qui tollis peccata mundi, miserere nobis ; qui tollis peccata mundi, suscipe deprecationem nostram.
Qui sedes ad dexteram Patris, miserere nobis.
Quoniam tu solus Sanctus, tu solus Dominus, tu solus Altissimus,
Iesu Christe, cum Sancto Spiritu : in gloria Dei Patris. Amen.

Prière d'ouverture

Voir à la date du jour.

LITURGIE DE LA PAROLE

Voir à la date du jour.

Profession de foi

Symbole de Nicée-Constantinople

Je crois en un seul Dieu, le Père tout-puissant,
créateur du ciel et de la terre, de l'univers visible et invisible.
Je crois en un seul Seigneur, Jésus Christ, le Fils unique de Dieu,
né du Père avant tous les siècles : il est Dieu, né de Dieu,
lumière née de la lumière, vrai Dieu, né du vrai Dieu,
engendré, non pas créé, consubstantiel au Père, et par lui tout a été fait.
Pour nous les hommes, et pour notre salut, il descendit du ciel ;
par l'Esprit Saint, il a pris chair de la Vierge Marie, et s'est fait homme.
Crucifié pour nous sous Ponce Pilate,
il souffrit sa passion et fut mis au tombeau.
Il ressuscita le troisième jour, conformément aux Écritures,
et il monta au ciel ; il est assis à la droite du Père.
Il reviendra dans la gloire, pour juger les vivants et les morts ;
et son règne n'aura pas de fin.
Je crois en l'Esprit Saint, qui est Seigneur et qui donne la vie ;
il procède du Père et du Fils ; avec le Père et le Fils,
il reçoit même adoration et même gloire ; il a parlé par les prophètes.
Je crois en l'Église, une, sainte, catholique et apostolique.
Je reconnais un seul baptême pour le pardon des péchés.
J'attends la résurrection des morts, et la vie du monde à venir. Amen.

Credo in unum Deum, Patrem omnipotentem,
Factorem cœli et terræ, visibilium omnium et invisibilium.
Et in unum Dominum Iesum Christum, Filium Dei unigenitum,
et ex Patre natum ante omnia sæcula.
Deum de Deo, lumen de lumine, Deum verum de Deo vero, genitum,
non factum, consubstantialem Patri : per quem omnia facta sunt.
Qui propter nos homines et propter nostram salutem descendit de cælis.
Et incarnatus est de Spiritu Sancto ex Maria Virgine, et homo factus est.
Crucifixus etiam pro nobis sub Pontio Pilato ;
passus et sepultus est, et resurrexit tertia die, secundum Scripturas,
et ascendit in cælum, sedet ad dexteram Patris.
Et iterum venturus est cum gloria, iudicare vivos et mortuos,
cuius regni non erit finis.
Et in Spiritum Sanctum, Dominum et vivificantem :
qui ex Patre Filioque procedit.
Qui cum Patre et Filio simul adoratur et conglorificatur :
qui locutus est per prophetas.
Et unam, sanctam, catholicam et apostolicam Ecclesiam.
Confiteor unum baptisma in remissionem peccatorum.
Et exspecto resurrectionem mortuorum, et vitam venturi sæculi.
Amen.

Symbole des Apôtres

Je crois en Dieu, le Père tout-puissant, créateur du ciel et de la terre.
Et en Jésus Christ, son Fils unique, notre Seigneur,
qui a été conçu du Saint-Esprit, est né de la Vierge Marie,
a souffert sous Ponce Pilate, a été crucifié, est mort et a été enseveli,
est descendu aux enfers, le troisième jour est ressuscité des morts,
est monté aux cieux, est assis à la droite de Dieu le Père tout-puissant,
d'où il viendra juger les vivants et les morts.
Je crois en l'Esprit Saint, à la sainte Église catholique,
à la communion des saints, à la rémission des péchés,
à la résurrection de la chair, à la vie éternelle. Amen.

Prière universelle

LITURGIE EUCHARISTIQUE

Préparation des dons

Tu es béni, Seigneur, Dieu de l'univers : nous avons reçu de ta bonté le pain que nous te présentons, fruit de la terre et du travail des hommes ; il deviendra pour nous le pain de la vie. ***—Béni soit Dieu, maintenant et toujours !***

Comme cette eau se mêle au vin pour le sacrement de l'Alliance, puissions-nous être unis à la divinité de celui qui a voulu prendre notre humanité.

Tu es béni, Seigneur, Dieu de l'univers : nous avons reçu de ta bonté le vin que nous te présentons, fruit de la vigne et du travail des hommes ; il deviendra pour nous le vin du Royaume éternel.

—Béni soit Dieu, maintenant et toujours !

Le cœur humble et contrit, nous te supplions, Seigneur, accueille-nous : que notre sacrifice, en ce jour, trouve grâce devant toi, Seigneur notre Dieu. Lave-moi de mes fautes, Seigneur, et purifie-moi de mon péché.

Prière sur les offrandes

Priez, frères et sœurs : que mon sacrifice, qui est aussi le vôtre, soit agréable à Dieu le Père tout-puissant.

— Que le Seigneur reçoive de vos mains ce sacrifice à la louange et à la gloire de son nom, pour notre bien et celui de toute l'Église.

Ou bien:

Prions ensemble, au moment d'offrir le sacrifice de toute l'Église.

— Pour la gloire de Dieu et le salut du monde.

Prière eucharistique

Le Seigneur soit avec vous. ***— Et avec votre esprit.***
Élevons notre cœur. ***— Nous le tournons vers le Seigneur.***
Rendons grâce au Seigneur notre Dieu. ***— Cela est juste et bon.***

Préfaces

7e préface des dimanches

Sauvés par l'obéissance du Christ

Vraiment, il est juste et bon, pour ta gloire et notre salut, de t'offrir notre action de grâce, toujours et en tout lieu, Seigneur, Père très saint, Dieu éternel et tout-puissant. Dans ta miséricorde, tu as tellement aimé le monde que tu nous as envoyé le

Rédempteur; tu l'as voulu à notre ressemblance en toute chose à l'exception du péché, afin d'aimer en nous ce que tu aimais en lui; tes dons que nous avions perdus par la désobéissance du péché, nous les retrouvons par l'obéissance de ton Fils. C'est pourquoi, avec les anges et tous les saints, nous te louons, Seigneur, et nous exultons de joie en proclamant: ***Saint! Saint! Saint...***

8e préface des dimanches

L'Église unifiée par l'unité de la Trinité

Vraiment, il est juste et bon, pour ta gloire et notre salut, de t'offrir notre action de grâce, toujours et en tout lieu, Seigneur, Père très saint, Dieu éternel et tout-puissant. Par le sang de ton Fils et la force de l'Esprit, tu as voulu réunir auprès de toi les enfants que le péché avait éloignés; et ce peuple qui tient son unité de la Trinité sainte, à la louange de ta sagesse infinie, c'est l'Église, corps du Christ et temple de l'Esprit. C'est pourquoi, unissant nos voix à celles des anges, nous te louons dans la joie en proclamant: ***Saint! Saint! Saint...***

3e préface commune

Louange à Dieu pour la Création et la régénération de l'homme

Vraiment, il est juste et bon, pour ta gloire et notre salut, de t'offrir notre action de grâce, toujours et en tout lieu, Seigneur, Père très saint, Dieu éternel et tout-puissant. C'est par ton Fils bien-aimé que tu as formé le genre humain; et c'est encore par lui que, dans ta grande bonté, tu le renouvelles. Voilà pourquoi toutes les créatures te servent, le peuple que tu as racheté célèbre ta louange, les saints te bénissent d'un seul cœur. Et déjà nous pouvons te louer avec tous les anges, et, dans la joie, nous ne cessons de proclamer :
Saint! Saint! Saint...

4e préface commune

La louange, don de Dieu

Vraiment, il est juste et bon, pour ta gloire et notre salut, de t'offrir notre action de grâce, toujours et en tout lieu, Seigneur, Père très saint, Dieu éternel et tout-puissant. Tu n'as pas besoin de notre louange, et pourtant c'est toi qui nous donnes de répondre à tes bienfaits en te rendant grâce : nos chants n'ajoutent rien à ce que tu es, mais nous font progresser vers le salut, par le Christ notre Seigneur. C'est pourquoi, unissant nos voix à celles des anges, nous te louons dans la joie en proclamant : ***Saint ! Saint ! Saint…***

2e préface de la Vierge Marie

L'Église loue Dieu avec les paroles de Marie

Vraiment, Père très saint, il est juste et bon, pour ta gloire et notre salut, de te proclamer admirable dans le triomphe de tous les saints, et, plus encore, de dire la grandeur de ta bonté pour fêter la bienheureuse Vierge Marie, en reprenant son cantique d'action de grâce. Oui, tu as fait des merveilles pour la terre entière et tu as étendu ta miséricorde à tous les âges, en choisissant ton humble servante pour donner au monde le Sauveur, ton Fils, le Seigneur Jésus Christ. Par lui, les anges adorent ta majesté et se réjouissent en ta présence à jamais. À leur hymne de louange, laisse-nous joindre nos voix pour chanter et proclamer : ***Saint ! Saint ! Saint…***

2e préface des Apôtres

Les Apôtres, fondements de l'Église et témoins

Vraiment, il est juste et bon, pour ta gloire et notre salut, de t'offrir notre action de grâce, toujours et en tout lieu, Seigneur, Père très saint, Dieu éternel et tout-puissant, par le Christ, notre Seigneur. Car tu as fondé ton Église sur les Apôtres, pour qu'elle soit à jamais dans le monde le signe de ta sainteté, et qu'elle enseigne à tous les hommes l'Évangile du royaume des Cieux. C'est pourquoi, dès maintenant et pour l'éternité, nous pouvons te chanter avec tous les anges et, d'un cœur fervent, proclamer : ***Saint ! Saint ! Saint…***

1re préface des saints martyrs

Signification et valeur exemplaire du martyre

Vraiment, il est juste et bon, pour ta gloire et notre salut, de t'offrir notre action de grâce, toujours et en tout lieu, Seigneur, Père très saint, Dieu éternel et tout-puissant. Nous reconnaissons un signe éclatant de ta grâce dans le martyre de saint (de sainte, des saints, des saintes) N. ; en répandant son (leur) propre sang comme le Christ, il a (elle a, ils ont, elles ont) glorifié ton nom. C'est ta puissance qui se déploie dans la faiblesse quand tu donnes à des êtres fragiles de te rendre témoignage par le Christ, notre Seigneur. C'est pourquoi, avec les puissances des cieux, nous pouvons te bénir sur la terre et t'adorer sans fin en proclamant : ***Saint ! Saint ! Saint…***

1re préface des saints

La gloire des saints

Vraiment, il est juste et bon, pour ta gloire et notre salut, de t'offrir notre action de grâce, toujours et en tout lieu, Seigneur, Père très saint, Dieu éternel et tout-puissant. Car tu es glorifié dans l'assemblée des saints : lorsque tu couronnes leurs mérites, tu couronnes tes propres dons. Dans leur vie, tu nous procures un modèle, dans la communion avec eux, une famille, et dans leur intercession, un appui ; afin que, soutenus par de si nombreux témoins, nous courions jusqu'au bout l'épreuve qui nous est proposée et recevions avec eux l'impérissable couronne de gloire, par le Christ, notre Seigneur. C'est pourquoi, avec les anges et les archanges, avec la foule immense des saints, nous chantons l'hymne de ta gloire et sans fin nous proclamons : ***Saint ! Saint ! Saint...***

Préface des saints pasteurs

La présence des saints pasteurs dans l'Église

Vraiment, il est juste et bon, pour ta gloire et notre salut, de t'offrir notre action de grâce, toujours et en tout lieu, Seigneur, Père très saint, Dieu éternel et tout-puissant, par le Christ, notre Seigneur. Tu donnes à ton Église de se réjouir en la fête de saint (des saints) N. : par l'exemple qu'il a (qu'ils ont) donné, tu nous encourages, par son (leur) enseignement, tu nous éclaires, à sa (leur) prière, tu veilles sur nous. C'est pourquoi, avec la multitude des anges et des saints, nous chantons l'hymne de ta gloire et sans fin nous proclamons : ***Saint ! Saint ! Saint...***

Préface de la dédicace

Le mystère du temple de Dieu, qu'est l'Église

Vraiment, il est juste et bon, pour ta gloire et notre salut, de t'offrir notre action de grâce, toujours et en tout lieu, Seigneur, Père très saint, Dieu éternel et tout-puissant, par le Christ, notre Seigneur. Dans la maison visible que tu nous as donné de construire, en ce lieu où tu ne cesses d'accueillir ta famille dans son pèlerinage vers toi, tu nous offres le signe et la réalité admirables du mystère de ta communion avec nous : ici, tu construis pour toi le temple vivant que nous sommes, et tu fais grandir l'Église, répandue dans le monde, à la mesure du corps du Seigneur, pour qu'elle devienne, en plénitude, vision de paix, cité céleste, Jérusalem. C'est pourquoi, avec la multitude des bienheureux, nous te louons, nous te bénissons et nous te glorifions dans le temple de ta gloire, en proclamant : ***Saint ! Saint ! Saint...***

Préface des saintes vierges, et des saints religieux ou religieuses

Signification de la vie consacrée

Vraiment, il est juste et bon, pour ta gloire et notre salut, de t'offrir notre action de grâce, toujours et en tout lieu, Seigneur, Père très saint, Dieu éternel et tout-puissant. Nous célébrons les prévenances de ton amour pour tant d'hommes et de femmes parvenus à la sainteté en se donnant au Christ à cause du royaume des Cieux. Par ce mystère d'alliance, tu veux que notre condition humaine retrouve sa splendeur première, et que, dès ici-bas, nous ayons un avant-goût des biens que tu nous donneras dans le monde à venir. C'est pourquoi, avec les saints et tous les anges, nous te louons et sans fin nous proclamons :

Saint ! Saint ! Saint, le Seigneur,
Dieu de l'univers !
Le ciel et la terre sont remplis
de ta gloire.
Hosanna au plus haut des cieux.
Béni soit celui qui vient
au nom du Seigneur.
Hosanna au plus haut des cieux.

Sanctus, Sanctus, Sanctus
Dominus Deus Sabaoth.
Pleni sunt cœli et terra gloria tua.
Hosanna in excelsis.
Benedictus qui venit in nomine
Domini. Hosanna in excelsis.

• *Prière eucharistique* **1**
« Toi, Père très aimant... » .... *p. 228*
• *Prière eucharistique* **2**
« Toi qui es vraiment saint... » .... *p. 232*
• *Prière eucharistique* **3**
« Tu es vraiment saint... » .... *p. 234*
• *Prière eucharistique* **4**
« Père très saint... » .... *p. 238*

Prière eucharistique nº 1

(Préfaces : p. 222)

Toi, Père très aimant, nous te prions et te supplions par Jésus Christ, ton Fils, notre Seigneur, d'accepter et de bénir ✛ ces dons, ces offrandes, sacrifice pur et saint, que nous te présentons avant tout pour ta sainte Église catholique : accorde-lui la paix et protège-la, daigne la rassembler dans l'unité et la gouverner par toute la terre ; nous les présentons en union avec ton serviteur notre pape N., notre évêque N., et tous ceux qui gardent fidèlement la foi catholique reçue des Apôtres.

Souviens-toi, Seigneur, de tes serviteurs et de tes servantes (de N. et de N.), et de tous ceux qui sont ici réunis, dont tu connais la foi et l'attachement. Nous t'offrons pour eux, ou ils t'offrent pour eux-mêmes et tous les leurs ce sacrifice de louange, pour leur propre rédemption, pour la paix, et le salut qu'ils espèrent ; ils te rendent cet hommage, à toi, Dieu éternel, vivant et vrai.

(1) **En semaine :**

• Unis dans une même communion, vénérant d'abord la mémoire de la bienheureuse Marie toujours vierge, Mère de notre Dieu et Seigneur, Jésus Christ, •••

(2) **Le dimanche :**

• Unis dans une même communion, nous célébrons le jour où le Christ est ressuscité d'entre les morts ; et vénérant d'abord la mémoire de la bienheureuse Marie toujours vierge, Mère de notre Dieu et Seigneur, Jésus Christ, •••

••• et celle de saint Joseph, son époux, des bienheureux Apôtres et martyrs Pierre et Paul, André, [Jacques et Jean, Thomas, Jacques et Philippe, Barthélemy et Matthieu,

Simon et Jude, Lin, Clet, Clément, Sixte, Corneille et Cyprien, Laurent, Chrysogone, Jean et Paul, Côme et Damien,] et de tous les saints, nous t'en supplions : accorde-nous, par leur prière et leurs mérites, d'être toujours et partout, forts de ton secours et de ta protection. [Par le Christ, notre Seigneur. Amen.]

Voici donc l'offrande que nous présentons devant toi, nous, tes serviteurs, et ta famille entière : Seigneur, dans ta bienveillance, accepte-la. Assure toi-même la paix de notre vie, arrache-nous à la damnation éternelle et veuille nous admettre au nombre de tes élus. [Par le Christ, notre Seigneur. Amen.]

Seigneur Dieu, nous t'en prions, daigne bénir et accueillir cette offrande, accepte-la pleinement, rends-la parfaite et digne de toi : qu'elle devienne pour nous le corps et le sang de ton Fils bien-aimé, Jésus, le Christ, notre Seigneur.

La veille de sa passion, il prit le pain dans ses mains très saintes et, les yeux levés au ciel, vers toi, Dieu, son Père tout-puissant, en te rendant grâce il dit la bénédiction, il rompit le pain, et le donna à ses disciples, en disant :
« **Prenez, et mangez-en tous** : ceci est mon corps livré pour vous. »

De même, après le repas, il prit cette coupe incomparable dans ses mains très saintes ; et, te rendant grâce à nouveau, il dit la bénédiction, et donna la coupe à ses disciples, en disant :
« **Prenez, et buvez-en tous**, car ceci est la coupe de mon sang, le sang de l'Alliance nouvelle et éternelle, qui sera versé pour vous et pour la multitude en rémission des péchés. Vous ferez cela en mémoire de moi. »

Prière eucharistique n° 1

(1) Il est grand, le mystère de la foi :
— Nous annonçons ta mort, Seigneur Jésus, nous proclamons ta résurrection, nous attendons ta venue dans la gloire.

(2) Acclamons le mystère de la foi :
— Quand nous mangeons ce pain et buvons à cette coupe, nous annonçons ta mort, Seigneur ressuscité, et nous attendons que tu viennes.

(3) Qu'il soit loué, le mystère de la foi :
— Sauveur du monde, sauve-nous ! Par ta croix et ta résurrection, tu nous as libérés.
ou :
Proclamons le mystère de la foi :
— Gloire à toi qui étais mort, gloire à toi qui es vivant, notre Sauveur et notre Dieu : viens, Seigneur Jésus !

Mysterium fidei.
(1) *– Mortem tuam annuntiamus, Domine, et tuam resurrectionem confitemur, donec venias.*
(2) *– Quotiescumque manducamus panem hunc et calicem bibimus, mortem tuam annuntiamus, Domine, donec venias.*
(3) *– Salvator mundi, salva nos, qui per crucem et resurrectionem tuam liberasti nos.*

Voilà pourquoi nous, tes serviteurs, et ton peuple saint avec nous, faisant mémoire de la passion bienheureuse de ton Fils, Jésus, le Christ, notre Seigneur, de sa résurrection du séjour des morts et de sa glorieuse ascension dans le ciel, nous te présentons, Dieu de gloire et de majesté, cette offrande prélevée sur les biens que tu nous donnes, le sacrifice pur et saint, le sacrifice parfait, pain de la vie éternelle et coupe du salut. Et comme il t'a plu d'accueillir les présents de ton serviteur Abel le Juste, le sacrifice d'Abraham, notre père dans la foi, et celui que t'offrit Melkisédek,

Prière eucharistique n° 1

ton grand prêtre, oblation sainte et immaculée, regarde ces offrandes avec amour et, dans ta bienveillance, accepte-les. Nous t'en supplions, Dieu tout-puissant : qu'elles soient portées par les mains de ton saint Ange en présence de ta gloire, sur ton autel céleste, afin qu'en recevant ici, par notre communion à l'autel, le corps et le sang très saints de ton Fils, nous soyons comblés de la grâce et de toute bénédiction du ciel. [Par le Christ, notre Seigneur. Amen.]

Souviens-toi aussi, Seigneur, de tes serviteurs et de tes servantes (de N. et N.) qui nous ont précédés, marqués du signe de la foi, et qui dorment dans la paix. Pour eux et pour tous ceux qui reposent dans le Christ, nous implorons ta bonté, Seigneur : qu'ils demeurent dans la joie, la lumière et la paix. [Par le Christ, notre Seigneur. Amen.]

Et nous pécheurs, tes serviteurs, qui mettons notre espérance en ta miséricorde inépuisable, admets-nous dans la communauté des saints Apôtres et martyrs, avec Jean Baptiste, Étienne, Matthias et Barnabé, [Ignace, Alexandre, Marcellin et Pierre, Félicité et Perpétue, Agathe, Lucie, Agnès, Cécile, Anastasie,] et tous les saints ; nous t'en prions, accueille-nous dans leur compagnie, sans nous juger sur le mérite mais en accordant largement ton pardon. Par le Christ, notre Seigneur. Par lui, tu ne cesses de créer tous ces biens, tu les sanctifies, leur donnes la vie, les bénis, et nous en fais le don.

Par lui, avec lui et en lui, à toi, Dieu le Père tout-puissant, dans l'unité du Saint-Esprit, tout honneur et toute gloire, pour les siècles des siècles.
— Amen.

Vient ensuite le rite de la communion, p. 241.

Prière eucharistique n° 2

(On peut aussi choisir une autre préface.)

Vraiment, Père très saint, il est juste et bon, pour ta gloire et notre salut, de t'offrir notre action de grâce, toujours et en tout lieu, par ton Fils bien-aimé, Jésus, le Christ : il est ta parole par qui tu as créé toutes choses ; c'est lui que tu nous as envoyé comme Rédempteur et Sauveur, Dieu fait homme, conçu de l'Esprit Saint, né de la Vierge Marie. Pour accomplir jusqu'au bout ta volonté et rassembler un peuple saint qui t'appartienne, il étendit les mains à l'heure de sa passion, afin de briser la mort, et de manifester la résurrection. C'est pourquoi, avec les anges et tous les saints, nous chantons ta gloire, et d'une seule voix nous proclamons :

Saint ! Saint ! Saint, le Seigneur, Dieu de l'univers ! Le ciel et la terre sont remplis de ta gloire. Hosanna au plus haut des cieux. Béni soit celui qui vient au nom du Seigneur. Hosanna au plus haut des cieux.

(Voir p. 227 pour la version latine.)

(1) En semaine :

• Toi qui es vraiment saint, toi qui es la source de toute sainteté, Seigneur, nous te prions : •••

(2) Le dimanche :

• Toi qui es vraiment saint, toi qui es la source de toute sainteté, Dieu notre Père, nous voici rassemblés devant toi, et, dans la communion de toute l'Église, nous célébrons le jour où le Christ est ressuscité d'entre les morts. Par lui que tu as élevé à ta droite, nous te prions : •••

••• Sanctifie ces offrandes en répandant sur elles ton Esprit ; qu'elles deviennent pour nous le corps et ✢ le sang de Jésus, le Christ, notre Seigneur.

Au moment d'être livré et d'entrer librement dans sa passion, il prit le pain, il rendit grâce, il le rompit et

le donna à ses disciples, en disant : « **Prenez, et mangez-en tous** : ceci est mon corps livré pour vous. »
De même, après le repas, il prit la coupe ; de nouveau il rendit grâce, et la donna à ses disciples, en disant : « **Prenez, et buvez-en tous**, car ceci est la coupe de mon sang, le sang de l'Alliance nouvelle et éternelle, qui sera versé pour vous et pour la multitude en rémission des péchés. Vous ferez cela en mémoire de moi. »

(1) Il est grand, le mystère de la foi :
— Nous annonçons ta mort, Seigneur Jésus, nous proclamons ta résurrection, nous attendons ta venue dans la gloire.

(2) Acclamons le mystère de la foi :
— Quand nous mangeons ce pain
et buvons à cette coupe,
nous annonçons ta mort,
Seigneur ressuscité,
et nous attendons que tu viennes.

(3) Qu'il soit loué, le mystère de la foi :
— Sauveur du monde, sauve-nous !
Par ta croix et ta résurrection,
tu nous as libérés.
ou Proclamons le mystère de la foi :
— Gloire à toi qui étais mort, gloire à toi qui es vivant, notre Sauveur et notre Dieu : viens, Seigneur Jésus !
(Voir p. 230 pour la version latine.)

En faisant ainsi mémoire de la mort et de la résurrection de ton Fils, nous t'offrons, Seigneur, le pain de la vie et la coupe du salut, et nous te rendons grâce, car tu nous as estimés dignes de nous tenir devant toi pour te servir. Humblement, nous te demandons qu'en ayant part au corps et au sang du Christ, nous soyons rassemblés par l'Esprit Saint en un seul corps.

Souviens-toi, Seigneur, de ton Église répandue à travers le monde : fais-la grandir dans ta charité en union avec notre pape N., notre évêque N., et tous les évêques, les prêtres et les diacres.

Souviens-toi aussi de nos frères et sœurs qui se sont endormis dans l'espérance de la résurrection, et souviens-toi, dans ta miséricorde, de tous les défunts : accueille-les dans la lumière de ton visage.

Sur nous tous enfin, nous implorons ta bonté : permets qu'avec la Vierge Marie, la bienheureuse Mère de Dieu, avec saint Joseph, son époux, les Apôtres et tous les saints qui ont fait ta joie au long des âges, nous ayons part à la vie éternelle et que nous chantions ta louange et ta gloire, par ton Fils Jésus, le Christ.

Par lui, avec lui et en lui, à toi, Dieu le Père tout-puissant, dans l'unité du Saint-Esprit, tout honneur et toute gloire, pour les siècles des siècles.

— ***Amen.***

Vient ensuite le rite de la communion, p. 241.

Prière eucharistique nº 3

(Préfaces : p. 222)

Tu es vraiment saint, Dieu de l'univers, et il est juste que toute la création proclame ta louange, car c'est toi qui donnes la vie, c'est toi qui sanctifies toutes choses, par ton Fils, Jésus Christ, notre Seigneur, avec la puissance de l'Esprit Saint ; et tu ne cesses de rassembler ton peuple, afin que, du levant au couchant du soleil, une offrande pure soit présentée à ton nom.

(1) **En semaine :**

• C'est pourquoi nous te supplions, Seigneur, de consacrer toi-même les offrandes que nous apportons : •••

(2) Le dimanche :
• C'est pourquoi nous voici rassemblés devant toi, Dieu notre Père, et, dans la communion de toute l'Église, nous célébrons le jour où le Christ est ressuscité d'entre les morts. Par lui, que tu as élevé à ta droite, nous te supplions de consacrer toi-même les offrandes que nous apportons : •••

••• Sanctifie-les par ton Esprit pour qu'elles deviennent le corps ✝ et le sang de ton Fils, Jésus Christ, notre Seigneur, qui nous a dit de célébrer ce mystère.

La nuit même où il fut livré, il prit le pain, en te rendant grâce il dit la bénédiction, il rompit le pain, et le donna à ses disciples, en disant : **« Prenez, et mangez-en tous** : ceci est mon corps livré pour vous. »
De même, après le repas, il prit la coupe ; en te rendant grâce il dit la bénédiction, et donna la coupe à ses disciples, en disant : « **Prenez, et buvez-en tous**, car ceci est la coupe de mon sang, le sang de l'Alliance nouvelle et éternelle, qui sera versé pour vous et pour la multitude en rémission des péchés. Vous ferez cela en mémoire de moi. »

(1) Il est grand, le mystère de la foi :
— Nous annonçons ta mort, Seigneur Jésus, nous proclamons ta résurrection, nous attendons ta venue dans la gloire.

(2) Acclamons le mystère de la foi :
— Quand nous mangeons ce pain et buvons à cette coupe, nous annonçons ta mort, Seigneur ressuscité, et nous attendons que tu viennes.

(3) Qu'il soit loué, le mystère de la foi :
— Sauveur du monde, sauve-nous ! Par ta croix et ta résurrection, tu nous as libérés.
ou : Proclamons le mystère de la foi :

Prière eucharistique n° 3

— Gloire à toi qui étais mort, gloire à toi qui es vivant, notre Sauveur et notre Dieu : viens, Seigneur Jésus !

(Voir p. 230 pour la version latine.)

En faisant ainsi mémoire de ton Fils, de sa passion qui nous sauve, de sa glorieuse résurrection et de son ascension dans le ciel, alors que nous attendons son dernier avènement, nous t'offrons, Seigneur, en action de grâce, ce sacrifice vivant et saint. Regarde, nous t'en prions, l'oblation de ton Église, et daigne y reconnaître ton Fils qui, selon ta volonté, s'est offert en sacrifice pour nous réconcilier avec toi. Quand nous serons nourris de son corps et de son sang, et remplis de l'Esprit Saint, accorde-nous d'être un seul corps et un seul esprit dans le Christ.

Que l'Esprit Saint fasse de nous une éternelle offrande à ta gloire, pour que nous obtenions un jour l'héritage promis, avec tes élus : en premier lieu la bienheureuse Vierge Marie, Mère de Dieu, avec saint Joseph, son époux, les bienheureux Apôtres, les glorieux martyrs, (saint N.) et tous les saints, qui ne cessent d'intercéder auprès de toi et nous assurent de ton secours.

Et maintenant nous te supplions, Seigneur : par le sacrifice qui nous réconcilie avec toi, étends au monde entier le salut et la paix. Affermis ton Église, en pèlerinage sur la terre, dans la foi et la charité, en union avec ton serviteur notre pape N., et notre évêque N., l'ensemble des évêques, les prêtres, les diacres, et tout le peuple que tu as racheté. Écoute, en ta bonté, les prières de ta famille, que tu as voulu rassembler devant toi. Dans ta miséricorde, ramène à toi, Père très aimant, tous tes enfants dispersés.

Pour nos frères et sœurs défunts, et pour tous ceux qui ont quitté ce monde et trouvent grâce devant toi, nous te prions : en ta bienveillance, accueille-les dans ton Royaume, où nous espérons être comblés de ta gloire, tous ensemble et pour l'éternité, par le Christ, notre Seigneur, par qui tu donnes au monde toute grâce et tout bien.

Par lui, avec lui et en lui, à toi, Dieu le Père tout-puissant, dans l'unité du Saint-Esprit, tout honneur et toute gloire, pour les siècles des siècles. **—*Amen.***

Vient ensuite le rite de la communion, p. 241.

Prière eucharistique nº 4

Vraiment, il est bon de te rendre grâce, il est juste et bon de te glorifier, Père très saint, car tu es le seul Dieu, le Dieu vivant et vrai : toi qui es avant tous les siècles, tu demeures éternellement, lumière au-delà de toute lumière. Toi, le Dieu de bonté, la source de la vie, tu as fait le monde pour que toute créature soit comblée de tes bénédictions, et que beaucoup se réjouissent de l'éclat de ta lumière. Ainsi, la foule innombrable des anges qui te servent jour et nuit se tiennent devant toi, et, contemplant la splendeur de ta face, n'interrompent jamais leur louange. Unis à leur hymne d'allégresse, avec la création tout entière qui t'acclame par nos voix, Dieu, nous te chantons (louons) :

Saint ! Saint ! Saint,
le Seigneur,
Dieu de l'univers !
Le ciel et la terre
sont remplis de ta gloire.
Hosanna au plus haut des cieux.

Prière eucharistique n° 4

Béni soit celui qui vient
au nom du Seigneur.
Hosanna au plus haut des cieux.

(Voir p. 227 pour la version latine.)

Père très saint, nous proclamons que tu es grand et que tu as fait toutes choses avec sagesse et par amour : tu as créé l'homme à ton image et tu lui as confié l'univers, afin qu'en te servant, toi seul, son Créateur, il règne sur la création. Comme il avait perdu ton amitié par sa désobéissance, tu ne l'as pas abandonné au pouvoir de la mort. Dans ta miséricorde, tu es venu en aide à tous les hommes pour qu'ils te cherchent et puissent te trouver. Tu as multiplié les alliances avec eux, et tu les as formés, par les prophètes, dans l'espérance du salut. Tu as tellement aimé le monde, Père très saint, que tu nous as envoyé ton Fils unique, lorsque les temps furent accomplis, pour qu'il soit notre Sauveur. Dieu fait homme, conçu de l'Esprit Saint, né de la Vierge Marie, il a vécu notre condition humaine en toute chose, excepté le péché, annonçant aux pauvres la bonne nouvelle du salut ; aux captifs, la délivrance ; aux affligés, la joie. Pour accomplir le dessein de ton amour, il s'est livré lui-même à la mort, et, par sa résurrection, il a détruit la mort et renouvelé la vie. Afin que désormais notre vie ne soit plus à nous-mêmes, mais à lui qui est mort et ressuscité pour nous, il a envoyé d'auprès de toi, Père, comme premier don fait aux croyants, l'Esprit Saint qui continue son œuvre dans le monde et achève toute sanctification.

Que ce même Esprit Saint, nous t'en prions, Seigneur, sanctifie ces offrandes : qu'elles deviennent ainsi le corps ✠ et le sang de notre Seigneur Jésus, le Christ, dans la célébration de ce grand mystère, que lui-même nous a laissé en signe de l'Alliance éternelle.

Prière eucharistique n° 4

Quand l'heure fut venue où tu allais le glorifier, Père très saint, comme il avait aimé les siens qui étaient dans le monde, il les aima jusqu'au bout : pendant le repas qu'il partageait avec eux, il prit le pain, dit la bénédiction, le rompit et le donna à ses disciples, en disant : « **Prenez, et mangez-en tous** : ceci est mon corps livré pour vous. » De même, il prit la coupe remplie de vin, il rendit grâce, et la donna à ses disciples, en disant : « **Prenez, et buvez-en tous**, car ceci est la coupe de mon sang, le sang de l'Alliance nouvelle et éternelle, qui sera versé pour vous et pour la multitude en rémission des péchés. Vous ferez cela en mémoire de moi. »

(1) Il est grand, le mystère de la foi :
– Nous annonçons ta mort,
Seigneur Jésus,
nous proclamons ta résurrection,
nous attendons ta venue dans la gloire.

(2) Acclamons le mystère de la foi :
– Quand nous mangeons ce pain
et buvons à cette coupe,
nous annonçons ta mort,
Seigneur ressuscité,
et nous attendons que tu viennes.

(3) Qu'il soit loué, le mystère de la foi :
– Sauveur du monde, sauve-nous !
Par ta croix et ta résurrection,
tu nous as libérés.
ou :
Proclamons le mystère de la foi :
– Gloire à toi qui étais mort,
gloire à toi qui es vivant,
notre Sauveur et notre Dieu :
viens, Seigneur Jésus !
(Voir p. 230 pour la version latine.)

Voilà pourquoi, Seigneur, nous célébrons aujourd'hui le mémorial de notre rédemption : en rappelant la mort du Christ et sa descente au séjour des morts, en proclamant sa résurrection et son ascension à ta droite, en attendant sa venue dans la gloire, nous t'offrons son corps et son sang, le sacrifice qui est digne de toi et qui sauve le monde entier. Regarde, Seigneur, celui qui s'offre dans le sacrifice que toi-même as préparé pour ton Église, et, dans ta bonté, accorde à tous ceux qui vont partager ce pain et boire à cette coupe d'être rassemblés par l'Esprit Saint en un seul corps, pour qu'ils deviennent eux-mêmes dans le Christ une vivante offrande à la louange de ta gloire.

Et maintenant, Seigneur, rappelle-toi tous ceux pour qui nous offrons le sacrifice : en premier lieu, ton serviteur notre pape N., notre évêque N., et l'ensemble des évêques, les prêtres et les diacres, les fidèles qui présentent cette offrande, les membres de notre assemblée, le peuple entier qui t'appartient, et tous ceux qui te cherchent avec droiture.

Souviens-toi aussi de ceux qui sont morts dans la paix du Christ, et de tous les défunts dont toi seul connais la foi.

À nous qui sommes tes enfants, accorde, Père très bon, l'héritage de la vie éternelle auprès de la Vierge Marie, la bienheureuse Mère de Dieu, auprès de saint Joseph, son époux, des Apôtres et de tous les saints, dans ton Royaume. Nous pourrons alors, avec la création tout entière, enfin libérée de la corruption du péché et de la mort, te glorifier par le Christ, notre Seigneur, par qui tu donnes au monde toute grâce et tout bien.

Par lui, avec lui et en lui, à toi, Dieu le Père tout-puissant, dans l'unité du Saint-Esprit, tout honneur et toute gloire, pour les siècles des siècles.

— Amen.

Vient ensuite le rite de la communion, p. 241.

Notre Père

(1) Comme nous l'avons appris du Sauveur, et selon son commandement, nous osons dire :
(2) Unis dans le même Esprit, nous pouvons dire avec confiance la prière que nous avons reçue du Sauveur :

Notre Père qui es aux cieux, que ton nom soit sanctifié,
que ton règne vienne, que ta volonté soit faite sur la terre comme au ciel.
Donne-nous aujourd'hui notre pain de ce jour. Pardonne-nous nos offenses,
comme nous pardonnons aussi à ceux qui nous ont offensés.
Et ne nous laisse pas entrer en tentation, mais délivre-nous du Mal.

(3) *Præceptis salutaribus moniti, et divina institutione formati, audemus dicere : Pater noster, qui es in cælis : sanctificetur nomen tuum ; adveniat regnum tuum ; fiat voluntas tua, sicut in cælo, et in terra. Panem nostrum cotidianum da nobis hodie ; et dimitte nobis debita nostra, sicut et nos dimittimus debitoribus nostris ; et ne nos inducas in tentationem ; sed libera nos a malo.*

Délivre-nous de tout mal, Seigneur, et donne la paix à notre temps : soutenus par ta miséricorde, nous serons libérés de tout péché, à l'abri de toute épreuve, nous qui attendons que se réalise cette bienheureuse espérance : l'avènement de Jésus Christ, notre Sauveur.
— Car c'est à toi qu'appartiennent le règne,
la puissance et la gloire pour les siècles des siècles !

Échange de la paix

Seigneur Jésus Christ, tu as dit à tes Apôtres : « Je vous laisse la paix, je vous donne ma paix » ; ne regarde pas nos péchés mais la foi de ton Église ; pour que ta volonté s'accomplisse, donne-lui toujours cette paix, et conduis-la vers l'unité parfaite, toi qui vis et règnes pour les siècles des siècles. ***– Amen.***

Que la paix du Seigneur soit toujours avec vous. ***– Et avec votre esprit.***

Dans la charité du Christ, donnez-vous la paix.

Fraction du pain

Que le corps et le sang de notre Seigneur Jésus Christ, réunis dans cette coupe, nourrissent en nous la vie éternelle.

Agneau de Dieu

Agneau de Dieu, qui enlèves les péchés du monde, prends pitié de nous. *(bis)*
Agneau de Dieu, qui enlèves les péchés du monde, donne-nous la paix.

Agnus Dei, qui tollis peccata mundi, miserere nobis. (bis)
Agnus Dei, qui tollis peccata mundi, dona nobis pacem.

Communion

(1) Seigneur Jésus Christ, Fils du Dieu vivant, selon la volonté du Père et avec la puissance du Saint-Esprit, tu as donné, par ta mort, la vie au monde ; que ton corps et ton sang très saints me délivrent de mes péchés et de tout mal ; fais que je demeure fidèle à tes commandements et que jamais je ne sois séparé de toi.

(2) Seigneur Jésus Christ, que cette communion à ton corps et à ton sang n'entraîne pour moi ni jugement ni condamnation ; mais que, par ta bonté, elle soutienne mon esprit et mon corps et me donne la guérison.

Voici l'Agneau de Dieu, voici celui qui enlève les péchés du monde.
Heureux les invités au repas des noces de l'Agneau !

— Seigneur, je ne suis pas digne de te recevoir ;
mais dis seulement une parole, et je serai guéri.

Chant de communion *ou antienne de la communion.*

Prière après la communion *voir à la date du jour.*

RITE DE CONCLUSION

Le Seigneur soit avec vous.

— Et avec votre esprit.

Que Dieu tout-puissant vous bénisse, le Père, et le Fils, ✠ et le Saint-Esprit.

— Amen.

Puis le diacre, ou le prêtre lui-même, les mains jointes, tourné vers l'assemblée, dit :

(1) Allez, dans la paix du Christ.
(2) Allez porter l'Évangile du Seigneur.
(3) Allez en paix, glorifiez le Seigneur par votre vie.
(4) Allez en paix.

— Nous rendons grâce à Dieu.

Chants pour la célébration

Les chants en rouge sont consultables à la page indiquée. **Les chants en noir** sont référencés avec leur cote SECLI.

	Ouverture	Renvoi	Communion / Action de grâce	Renvoi
1er oct.	Vigne de Dieu	p. 246	C'est toi, Seigneur, le pain rompu	D293
	Appelés enfants de Dieu	Y35-10	Aimer c'est tout donner	p. 250
	Tenons en éveil la mémoire du Seigneur	Y243-1	Pour que l'homme soit un fils	GP297-1
8 oct.	Seigneur et Maître de la Vigne	XT48-49	En marchant vers toi, Seigneur	D380
	À ce monde que tu fais	RT146-1	Pain donné pour notre vie	EDIT10-47
	Peuple de Dieu, marche joyeux	p. 245	Plus près de toi, mon Dieu	p. 251
15 oct.	Allez par toute la terre	TL20-76	Aux noces de ton Fils	XA48-29
	Dieu nous accueille en sa maison	p. 248	Pain véritable	p. 254
	Qu'exulte tout l'univers	DEV44-72	Laisserons-nous à notre table	D577
22 oct.	Au cœur de ce monde	EA238-1	Mendiant du jour	p. 254
	Tenons en éveil la mémoire du Seigneur	Y243-1	Le voici le don de Dieu	D36-81
	Rendons gloire à notre Dieu	p. 248	Qui mange ma chair	D290
29 oct.	Peuples, criez de joie	p. 249	En mémoire du Seigneur	D304-1
	Lumière pour l'homme aujourd'hui	EP61-3	Partageons le pain du Seigneur	D39-31
	Célébrez la bonté du Seigneur	EDIT15-84	Il est grand le bonheur de donner	p. 252

Suggestions pour octobre 2023 proposées par Thibault Van Den Driessche, avec ChantonsenÉglise

Peuple de Dieu, marche joyeux (Ouverture)

K180 ; T. : D. Rimaud ; M. : C. Villeneuve ; Fleurus.

Refrain : **Peuple de Dieu, marche joyeux, alléluia ! Alléluia !**
Peuple de Dieu, marche joyeux, car le Seigneur est avec toi.

1. **Dieu t'a choisi parmi les peuples :**
pas un qu'il ait ainsi traité.
En redisant partout son œuvre,
sois le témoin de sa bonté.

2. **Dieu t'a formé dans sa parole,**
et t'a fait part de son dessein :
annonce-le à tous les hommes
pour qu'en son peuple
ils ne soient qu'un.

3. **Tu es le peuple de l'Alliance,**
marqué du sceau de Jésus Christ :
mets en lui seul ton espérance
pour que ce monde vienne à lui.

4. **Dieu t'a tiré de l'esclavage,**
il t'a rendu ta liberté.
En souvenir de ton passage,
brise les liens des opprimés.

5. **Dieu t'a lavé de toute offense,**
en te marquant du sang sauveur.
Il s'est chargé de tes souffrances :
souffre avec lui pour les pécheurs.

6. **Tu as passé par le baptême :**
tu es le corps du Bien-Aimé.
Compte sur Dieu, ton Dieu lui-même
a fait de toi son envoyé.

7. **Dieu t'a nourri avec largesse**
quand tu errais aux lieux déserts :
vois ton prochain dans la détresse,
secours en lui ta propre chair.

8. **Dieu a dressé pour toi la table,**
vers l'abondance, il t'a conduit :
à toi de faire le partage
du pain des hommes aujourd'hui.

Vigne de Dieu (Ouverture)

D364; T. : C. Bernard; M. : J. Akepsimas; Studio SM.

② **Vigne éclairée au soleil de la tendresse,**
vigne émondée pour les fruits de la jeunesse,
vigne choisie, peuple de Dieu,
vigne choisie, peuple de Dieu.

③ **Vigne flétrie par les bois qui se dessèchent,**
vigne guérie par la croix qui nous libère,
vigne choisie, peuple de Dieu,
vigne choisie, peuple de Dieu.

④ **Vigne appelée au raisin de la vendange,**
vigne sauvée pour chanter une espérance,
vigne choisie, peuple de Dieu,
vigne choisie, peuple de Dieu.

⑤ **Vigne nourrie par les eaux de l'Évangile,**
vigne parée des sarments de la justice,
vigne choisie, peuple de Dieu,
vigne choisie, peuple de Dieu.

Chants

Dieu nous accueille en sa maison (Ouverture)

A174 ; T. : J.-P. Lécot ; M. : J.-P. Lécot, G.-P. Palestrina (XVIe siècle) ; Zech.

Refrain : **Dieu nous accueille en sa maison, Dieu nous invite à son festin :**
jour d'allégresse et jour de joie ! Alléluia !

① **Criez de joie pour notre Dieu,**
chantez pour lui, car il est bon, car éternel est son amour.

② **Avec Jésus, nous étions morts ;**
avec Jésus, nous revivrons, nous avons part à sa clarté.

③ **« Si tu savais le don de Dieu »,**
si tu croyais en son amour, tu n'aurais plus de peur en toi.

Rendons gloire à notre Dieu (Ouverture)

Y35-33 ; T. et M. : J.-F. Léost ; Éd. de l'Emmanuel.

Refrain : **Rendons gloire à notre Dieu ! Lui qui fit des merveilles ;**
il est présent au milieu de nous maintenant et à jamais !

① **Invoquons notre Dieu, demandons-lui sa grâce ;**
il est notre sauveur, notre libérateur.

② **Invoquons notre Dieu, demandons-lui sa grâce ;**
il est notre sauveur, notre libérateur.

③ **Oui, le Seigneur nous aime, il s'est livré pour nous.**
Unis en son amour, nous exultons de joie.

Peuples, criez de joie *(Ouverture)*

MY27-3 ; T. : D. Rimaud ; M. : Stralsund Gesangbuch/Strasbourg paroisse du chr. ; Studio SM.

① **Peuples, criez de joie et bondissez d'allégresse :**
le Père envoie son Fils manifester sa tendresse.
Ouvrons les yeux :
il est l'image de Dieu
pour que chacun le connaisse.

② **Loué soit notre Dieu, Source et Parole fécondes :**
ses mains ont tout créé pour que nos cœurs lui répondent.
Par Jésus Christ,
il donne l'être et la vie :
en nous sa vie surabonde.

③ **Loué soit notre Dieu qui ensemence la terre**
d'un peuple où son Esprit est plus puissant que la guerre.
En Jésus Christ,
la vigne porte du fruit
quand tous les hommes sont frères.

④ **Loué soit notre Dieu dont la splendeur se révèle**
quand nous buvons le vin pour une terre nouvelle.
Par Jésus Christ,
le monde passe aujourd'hui
vers une gloire éternelle.

Aimer, c'est tout donner (Action de grâce)

X59-79; T. et M. : Cté des Béatitudes.

Plus près de toi, mon Dieu *(Action de grâce)*

P35-27 ; T. et M. : Chants de l'Emmanuel (J.-F. Léost) ; instr. : J. Akepsimas ; Éd. Emmanuel.

Refrain : **Plus près de toi, mon Dieu, j'aimerais reposer :**
c'est toi qui m'as créé, et tu m'as fait pour toi ;
mon cœur est sans repos tant qu'il ne demeure en toi.

① **Qui donc pourra combler les désirs de mon cœur,**
répondre à ma demande d'un amour parfait ?
Qui, sinon toi Seigneur, Dieu de toute bonté,
toi l'amour absolu de toute éternité.

② **Mon âme a soif de toi, Dieu d'amour et de paix ;**
donne-moi de cette eau qui pourra m'abreuver.
Donne-moi ton Esprit, qu'il vienne en moi Seigneur,
moi je t'offre mon cœur pour qu'il soit ta demeure.

③ **Seigneur, sur cette terre, montre-moi ton amour ;**
sans toi à mes côtés, je ne fais que tomber.
Viens affermir en moi l'Esprit de charité,
que je sache donner, aimer et pardonner.

④ **Quand prendra fin ma vie, daigne me recevoir**
en ton cœur ô Jésus dans la maison du Père.
Donne-moi de te voir et de te contempler,
de vivre en ton amour durant l'éternité.

Il est grand le bonheur de donner *(Action de grâce)*

T48-92 ; T. : C. Bernard ; M. : M. Wackenheim ; Bayard Liturgie.

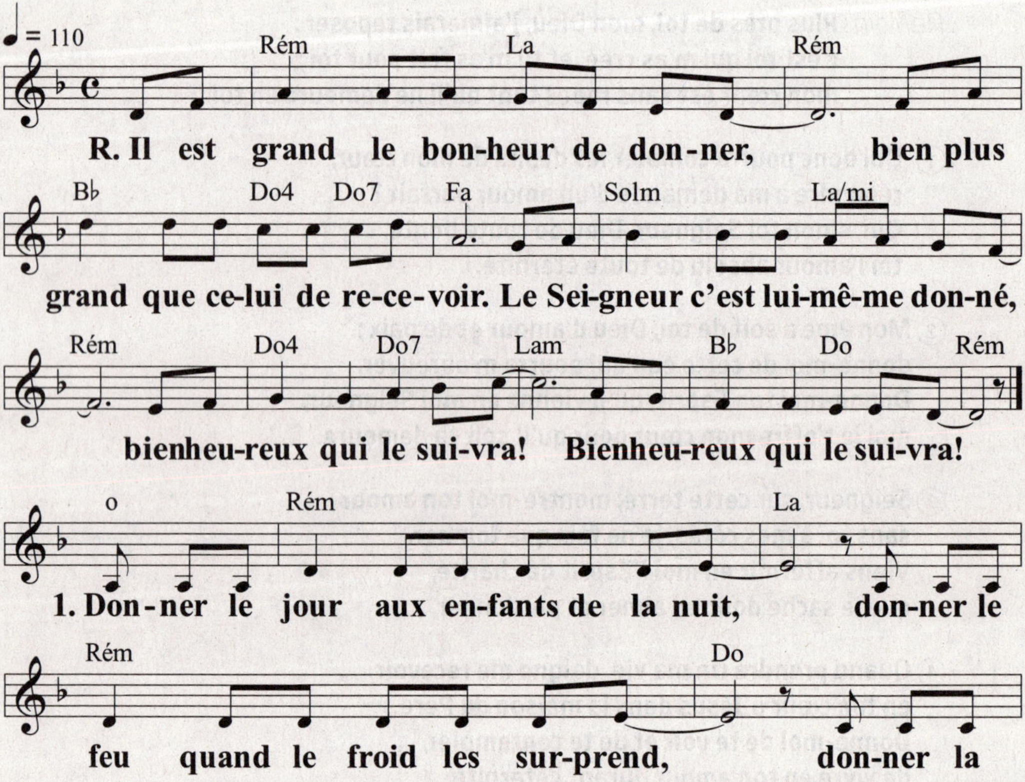

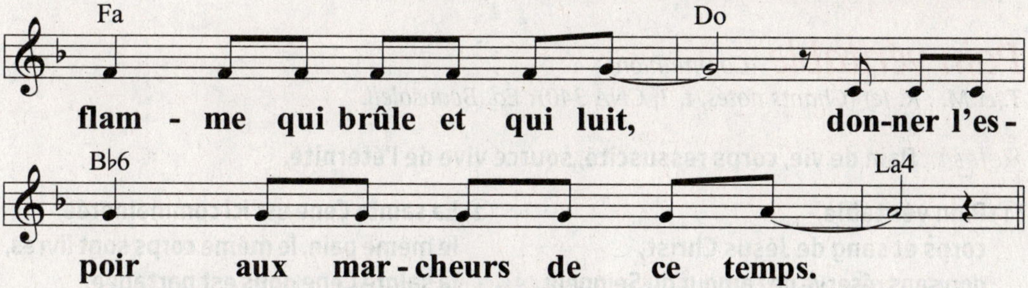

② Donner le pain dans un monde affamé,
donner l'eau vive puisée près de Dieu,
donner de croire au festin partagé,
donner le sel et le vin généreux.

③ Donner le souffle à tout homme blessé,
donner le sang qui réveille sa vie,
donner de vivre debout dans la paix,
donner l'audace envoyée par l'Esprit.

④ Donner le fruit du travail de nos mains,
donner d'apprendre à chercher un trésor,
donner l'envie de s'ouvrir un chemin,
donner l'amour qui peut vaincre la mort.

⑤ Donner la soif de connaître Jésus,
donner les mots qui pourront le chanter,
donner d'aller par des voies inconnues,
donner la force d'un cœur libéré.
Vigne choisie, peuple de Dieu.

Pain véritable *(Communion)*

T. et M. : R. Jef (Chants notés, t. 1, CNA 340) ; Éd. Beausoleil.

Refrain : **Pain de vie, corps ressuscité, source vive de l'éternité.**

① **Pain véritable,**
corps et sang de Jésus Christ,
don sans réserve de l'amour du Seigneur,
corps véritable de Jésus Sauveur.

② **La sainte Cène est ici commémorée,**
le même pain, le même corps sont livrés,
la sainte Cène nous est partagée.

③ **Pâque nouvelle désirée d'un grand désir,**
terre promise du salut par la Croix,
Pâque éternelle, éternelle joie.

Mendiant du jour *(Communion)*

DP150-2 ; T. : D. Rimaud/CNPL ; M. : J. Akepsimas ; Studio SM.

① **Mendiant du jour, je te prends dans mes mains,**
comme on prend dans sa main la lampe pour la nuit ;
et tu deviens la nuée qui dissout les ténèbres.

② **Mendiant du feu, je te prends dans mes mains,**
comme on prend dans sa main la flamme pour l'hiver,
et tu deviens l'incendie qui embrase le monde.

③ **Mendiant d'espoir, je te prends dans mes mains,**
comme on prend dans sa main la source pour l'été,
et tu deviens le torrent d'une vie éternelle.

Béni sois-tu, Seigneur Jésus, pour ton Église

K520 ; T. et M. : M. et M.-F. Penhard ; Éd. de l'Emmanuel.

LES RENDEZ-VOUS D'OCTOBRE 2023

SOMMAIRE

ÉDITORIAL

Les anges d'octobre

Ce mois-ci, nous fêtons les Saints Anges gardiens. Il fut un temps où cette piété prêtait à sourire, faisant de ces anges des bons compagnons, surtout pour les enfants. Depuis toujours, la Bible leur donne la part belle. Pour preuve, la chronique de Jacques Nieuviarts scrutant pour nous chaque « battement d'ailes » dans l'Écriture. « Tout au long de la Bible, nous rappelle-t-il, les anges veillent discrètement ou doucement sur les hommes et les femmes. » La tradition évoque cette présence bienveillante lorsqu'elle célèbre les Anges gardiens. À son tour, Anne Lécu met en lumière un autre ange du Seigneur, celui qui visite l'épouse de Manoah, pour lui annoncer la naissance de leur fils Samson.

Ainsi que le souligne Anne, ce passage du livre des Juges est précieux pour nous aujourd'hui. D'abord pour apprendre que l'ange divin revient quand nous n'avons pas compris quelque chose de la part de Dieu… et aussi pour convenir que voir un ange, est avant tout affaire d'attention. Nous avons un mois devant nous pour répondre à l'invitation de Jacques et nous interroger : comment parlons-nous de Dieu et de sa relation avec le monde des humains ? ■

Karem Bustica
Rédactrice en chef de Prions en Église

« Voir un ange, est avant tout affaire d'attention. »

LES ANGES DANS LES ÉCRITURES

Jacques Nieuviarts, prêtre assomptionniste

Vos anges dans le ciel

Dans la Bible, les créatures célestes veillent discrètement sur les hommes. Selon la tradition, les Anges gardiens assurent une présence bienveillante.

« Je vais envoyer un ange devant toi pour te garder en chemin et te faire parvenir au lieu que je t'ai préparé, lit-on dans le livre de l'Exode. Respecte sa présence, écoute sa voix […], car mon nom est en lui. […] Mon ange marchera devant toi » (Ex 23, 20-23). Tout au long de la Bible, les anges veillent ainsi discrètement ou doucement sur les hommes. La tradition nous rappelle cette présence bienveillante lorsqu'elle évoque les Anges gardiens. Beaucoup tentent de donner à leur présence une forme, un visage. Mais il faut bien avouer que demeure une grande part de mystère. Lisons les évangiles. Les disciples s'interrogent un jour sur lequel d'entre eux est le plus grand. Jésus place au milieu d'eux un enfant et les invite à lui ressembler. « Gardez-vous de mépriser un seul de ces petits, conclut-il, car, je vous le dis, leurs anges dans les cieux voient sans cesse la face de mon Père qui est aux cieux » (Mt 18, 10). Ainsi les anges sont-ils dans les cieux et voient continuellement la face du Père, et c'est ainsi qu'ils veillent. L'évangéliste Luc est proche lorsqu'il évoque dans une parabole « la joie dans le ciel », et aussitôt après, « la joie devant les anges de Dieu pour un seul pécheur qui se convertit » (cf. Lc 15, 7.10). Les correspondances des évangiles confirment bien le passage de l'Exode. Elles invitent toujours à ouvrir le regard et à comprendre beaucoup plus que ce qui est dit. C'est encore le cas quand le pauvre Lazare couvert d'ulcères reste à la porte de l'homme riche. Lorsqu'il meurt, « les anges l'emportent auprès d'Abraham » (Lc 16, 22), signe de sa proximité totale avec Dieu, tandis que le riche reste enferré aux antipodes, comme il le fut dans sa vie. De même, on voit les anges jouer un rôle important auprès du Fils de l'homme lors de son avènement et du jugement du monde (cf. Mt 13, 41 ; 16, 27 ; 24, 31 ; Lc 12, 8). Le livre de l'Apocalypse les met même en scène de manière beaucoup plus importante encore. Ce n'est pas étonnant. C'est le reflet de la culture de l'époque avec, cependant, beaucoup plus de sobriété dans les évangiles. Comment, en effet, parler de Dieu et de sa relation avec le monde des hommes ? Une question qui est toujours actuelle. Au temps de Jésus, on ne craint pas d'utiliser des images. Et nous-mêmes, comment procédons-nous ? ■

Les anges sont dans les cieux et voient continuellement la face du Père, et c'est ainsi qu'ils veillent.

LES SECONDS RÔLES DANS LA BIBLE

Anne Lécu, dominicaine

L'épouse sans nom

L'épouse de Manoah, un homme du clan de Dane, l'une des douze tribus d'Israël (Jg 13, 2), reçoit l'annonciation de la naissance de son fils Samson. Son mari, qui n'en croit pas ses oreilles, demande à Dieu des précisions.

Manoah et son épouse ne peuvent pas avoir d'enfant. Mais c'est un couple au sein duquel la parole circule. L'homme parle à sa femme, et elle lui parle. Un jour, l'épouse de Manoah, qui n'a pas de nom, reçoit la visite d'un ange. Ce n'est pas la première annonciation biblique : Agar, l'esclave étrangère d'Abraham, avait reçu en son temps, pour la première fois, un ange venu lui annoncer un fils (Gn 16, 11). En ce qui concerne l'épouse de Manoah dans le livre des Juges (cf. Jg 13, 3-24), l'ange promet un fils et lui donne des précisions inhabituelles, lui prescrivant de ne boire ni alcool ni boisson fermentée et de s'abstenir de viande. Ce sont les prescriptions faites en vue de la naissance d'un enfant un peu particulier, qui deviendra nazir, « voué à Dieu dès le sein de sa mère ».

Le mari supplie Dieu de faire revenir l'homme de Dieu pour qu'il précise vraiment bien ce qu'il faut qu'ils fassent pour cet enfant. Manoah ne remet pas en cause la promesse de l'ange, il est sûr que l'enfant viendra. Mais un nazir, quand même, ce n'est pas rien, et là, il voudrait bien entendre de ses oreilles ce qu'a dit l'ange. Dieu accède à sa demande.

Alors qu'elle est aux champs, madame est à nouveau visitée par l'ange. Elle va chercher son mari et c'est ensemble, cette fois, qu'ils entendent les recommandations de l'homme de Dieu, lequel ne fait que répéter ce qu'il a dit une première fois, mais ainsi, Manoah peut …

© Gaétan Évrard

Première Alliance

« Or, quand la flamme monta de l'autel vers le ciel, l'ange du Seigneur monta dans la flamme de l'autel. Voyant cela, Manoah et sa femme tombèrent face contre terre. Désormais l'ange du Seigneur ne leur apparut plus. »

Juges 13, 20-21

... l'entendre lui-même. Il propose à l'homme de rester dîner, mais celui-ci lui enjoint d'offrir un holocauste. Au moment où le feu prend sur le chevreau offert, l'ange de Dieu monte dans la flamme et disparaît. Manoah est pétrifié, il craint de mourir car, dit-il : « Nous allons sûrement mourir car nous avons vu Dieu. » Sa femme, plus concrète, le ramène sur terre et lui explique que si l'ange de Dieu lui-même s'est déplacé pour leur annoncer un fils, qui plus est nazir, ce n'est pas pour les faire mourir dans la seconde. Et Samson naîtra.

De ce petit passage, j'aime à apprendre que l'ange de Dieu vient et revient quand nous n'avons pas compris quelque chose. Oser demander à Dieu sa lumière sur les événements n'est jamais chose vaine. L'ange de Dieu peut être un voisin, une rencontre fortuite, un proche, quand nous prenons le temps de nous écouter. Comme pour les disciples d'Emmaüs (cf. Lc 24, 13-32), c'est dans l'après-coup que l'on comprend mieux. Voir un ange est avant tout affaire d'attention. Peut-être est-ce pour cela que, dans cette histoire, chaque fois, c'est elle qui voit l'ange et non son mari. ■

Nouvelle Alliance

« Alors leurs yeux s'ouvrirent, et ils le reconnurent, mais il disparut à leurs regards. » Luc 24, 31

Emmanuelle Billoteau, ermite

Qu'est-ce que la tradition ?

Les prières eucharistiques, introduites avec Vatican II, et le sacrement de réconciliation nous invitent à réfléchir sur ce qu'est la tradition, c'est à dire ce qui a été transmis par les Apôtres.

Si la constitution *Sacrosanctum concilium* (Vatican II) maintient « la saine tradition », c'est-à-dire ce qui a été transmis par les Apôtres, la « voie » doit être « ouverte à un progrès légitime ». Et de préciser qu'il faut s'assurer « que les formes nouvelles sortent des formes déjà existantes par un développement en quelque sorte organique » (23). Mais ce qui risque de nous paraître nouveau, car nous en jugeons à l'aune de ce que nous avons connu, peut s'enraciner dans une pratique très ancienne mais occultée pendant des siècles. Ainsi en est-il de l'introduction de trois nouvelles prières eucharistiques (PE) après Vatican II, lesquelles s'originent dans un substrat fort ancien : prière eucharistique d'Hippolyte de Rome (PE 2); prières antiochiennes et ancien…

... rite gallican (PE 3), prière eucharistique de saint Basile (PE 4). Ce qui a enrichi la célébration qui, entre le concile de Trente et Vatican II, ne connaissait que le canon romain (PE 1). Cette même constitution précise : « L'Église, dans les domaines qui ne touchent pas la foi ou le bien de toute la communauté, ne désire pas, même dans la liturgie, imposer la forme rigide d'un libellé unique » (37). D'où des ajustements « à la diversité des assemblées, des régions » (38).

Une tradition vivante

Ce que nous appelons aujourd'hui le sacrement de réconciliation illustre bien ce souci de garder la tradition vivante et de la rendre recevable par les chrétiens. Il a changé dans ses modalités tout en ne cessant d'affirmer la miséricorde de Dieu et l'importance de la démarche humaine. Jusqu'au IIe siècle, dans le contexte de la croyance en un retour imminent du Christ et d'une très haute idée de la vie chrétienne, on considérait que la rémission des péchés donnée dans le sacrement du baptême ne pouvait être réitérée. Très vite, l'Église a réalisé l'importance d'instituer une discipline pénitentielle pour les cas d'idolâtrie (ou reniement de la foi), de meurtre, d'adultère. Ainsi est née la « pénitence antique » dont le ministre était l'évêque. Le pécheur entrait dans l'ordre des pénitents au cours d'une cérémonie publique. Cette pénitence s'apparentait à une mort sociale, à une mise à l'écart partielle de la communauté ecclésiale – les pénitents ne participaient qu'à la liturgie de la Parole. Elle supposait de jeûner et de s'abstenir de rapports conjugaux. La communauté priait pour et avec les pénitents. Cette pénitence durait un temps plus ou moins long, au terme duquel le pécheur était réconcilié lors d'une célébration communautaire. Très exigeante, cette démarche fut assez rapidement désertée par les chrétiens, qui attendaient d'être à l'article de la mort pour se déclarer. Pour les autres « péchés », l'Église pensait avec Pierre que « la charité couvre une multitude de péchés » (1 P 4, 8), s'exprimant par une prière fervente, les larmes, l'aumône, les visites aux malades, l'ensevelissement des morts. À partir des Ve-VIe siècles et jusqu'à Vatican II, vont se mettre en place la pénitence dite « tarifée » (jusqu'au XIIIe siècle) puis le sacrement de pénitence tel que les plus anciens l'ont connu. La démarche se privatise, se banalise souvent ou se confond parfois avec une direction spirituelle autoritaire. La réforme instituée par Vatican II, telle qu'elle se manifeste dans le nouveau *Rituel romain de la pénitence,* va renouer avec la dimension communautaire du sacrement, sans oublier la joie de la réconciliation. D'où la proposition de trois rites : individuel, communautaire avec confession et absolution individuelles, communautaire avec confession et absolution générales – celui-ci n'étant autorisé que dans des cas déterminés précisés par le Magistère. Voilà qui nous incite à discerner le travail de l'Esprit dans notre histoire et à chercher le sens profond de ce que nous vivons. ■

Le sacrement de réconciliation illustre bien ce souci de rendre la tradition recevable par les fidèles.

LE SYNODE VU DE L'ÉTRANGER

Des témoins du synode sur la synodalité – dont la première session générale a lieu ce mois-ci – nous racontent ce qui se vit dans leur pays.

Une nécessaire synergie

DR

Alison Rosario est secrétaire du Comité de coordination du synode sur la synodalité pour l'archidiocèse de Bombay (Inde). Grâce aux travaux du synode sur la synodalité, les fidèles prennent conscience des défis auxquels fait face leur société multiculturelle et multireligieuse. Un processus qui encourage la collaboration.

BOMBAY, INDE « Dans mon pays, l'Église catholique constitue une infime minorité. L'annonce explicite de l'Évangile est compliquée. Les valeurs chrétiennes sont souvent vécues dans le quotidien des gens. Les travaux du synode ont fourni une occasion de réfléchir à la manière dont nous pouvons mieux vivre notre foi dans une société multiculturelle et multireligieuse, et de travailler ensemble pour promouvoir l'émancipation sociale des plus vulnérables.

Dans un premier temps, les discussions ont suscité à la fois de l'enthousiasme et de l'inquiétude en ce qui concerne le processus de collecte des informations des fidèles. Mais finalement, nous avons obtenu une participation significative, avec des voix qui ont pu s'exprimer et être entendues. Les travaux ont également permis de dynamiser les échanges et de favoriser l'écoute de tous, même des personnes éloignées de l'Église.

Suite à la publication du document continental *Élargissez l'espace de votre tente*, nous avons continué la réflexion au niveau diocésain et poursuivi par un séminaire national sous la direction de Mgr Allwyn D'Silva, délégué de l'archevêque de Bombay. La synthèse des travaux a ensuite été envoyée à la Fédération des conférences épiscopales d'Asie (FABC). Pour notre pays, quatre grands chantiers ont émergé : une Église inclusive ; une Église collaborative ; une Église remplie de foi ; et une Église pertinente pour notre temps. Ces thèmes seront approfondis et travaillés dans notre diocèse, mais la synodalité est un processus qui doit se poursuivre à tous les niveaux de l'Église.

Nous envisageons déjà des jumelages avec les diocèses du Nord et un partage de nos expériences ainsi que de nos ressources matérielles et humaines pour l'évangélisation de notre pays-continent. Car si l'Église catholique indienne se réclame de 17 millions de fidèles, elle ne représente même pas 2 % de la population totale ! En Inde, grâce au synode, une forte synergie et beaucoup d'enthousiasme nous motivent pour ensemencer l'Évangile. » ■

Propos recueillis par
Sébastien Antoni

Vencelas Deblock, prêtre du diocèse de Cambrai, historien de l'art

Les croix des églises

Au sommet du clocher ou sur le fronton, en ouverture de la procession, sur l'autel ou derrière, les croix sont omniprésentes dans nos églises. Elles font mémoire de la Passion du Christ et nous ouvrent à la gloire céleste.

À l'aube du 16 avril 2019, les portes de la cathédrale de Paris s'ouvrirent dévoilant au monde stupéfait la haute croix d'or qui émergeait des décombres encore fumantes. La *Croix et Gloire* de Marc Couturier n'avait jamais si bien porté son nom. Surmontant le beau groupe de marbre de Nicolas Coustou représentant Marie tenant le corps mort de son fils, elle témoignait que la mort n'aura pas le dernier mot.

Omniprésente, vénérée, encensée, la croix dans nos églises fait signe. Avant même d'entrer dans une église, c'est la croix de son clocher qui signale au passant, croyant ou non, la réalité de ce bâtiment. Lorsque le croyant y pénètre, il se signe d'une croix après avoir plongé sa main dans le bénitier qui lui rappelle son baptême. Au début de la messe, la procession d'entrée s'ouvre par la croix qui conduit progressivement le regard de l'assemblée vers l'autel auprès duquel ou sur lequel se trouve une autre croix.

Celle-ci demeure en place hors des célébrations. Elle rappelle au fidèle ou au visiteur de passage que le Christ donne sa vie pour le salut du monde, ce don culminant dans sa Passion et actualisé à chaque eucharistie. Le Missel romain demande que le Christ soit représenté sur cette croix. Il n'en a pas toujours été ainsi. Bien des croix médiévales ne présentaient pas le corps du Christ, comme la grande croix du trésor de Saint-Denis. Chargées de pierreries, elles rappelaient que la croix, mémoire de la Passion, n'exprime pas que la souffrance et la mort, mais ouvre notre vie terrestre sur la gloire céleste promise dans le Christ, resplendissante comme la Jérusalem céleste du livre de l'Apocalypse et déjà présente dans la vie sacramentelle.

Dans les églises où les chaires de prédications ont été conservées, une croix monumentale fait face au prédicateur et lui rappelle que sa parole et toute son existence sont au service du Seigneur Jésus qui donne sa vie.

© M. Cohen / Aurimages

***Croix et Gloire* de Marc Couturier et *Piéta,* marbre de Nicolas Coustou, cathédrale Notre-Dame de Paris (75).**

Ainsi, toujours, au cœur de nos églises, la croix nous ramène au Christ. Elle nous rappelle que la vie et la liturgie de l'Église expriment le don de sa vie, hier et aujourd'hui, promesse de la gloire divine offerte au monde. ■

TÉMOIGNAGE DE LECTEUR

Propos recueillis par **Frédéric Pascal**, journaliste

Prier en pédalant

Cécile Lesage, 62 ans, est psychologue clinicienne à Chambéry (73) et responsable nationale du Mouvement chrétien des cadres (MCC) avec Martin, son mari. Les lectures du jour dans « Prions en Église » lui donnent de la force au quotidien.

« Chaque matin, après avoir lu les lectures du jour dans mon *Prions en Église*, je monte sur mon vélo. Le mont du Nivolet, surmonté d'une grande croix, se dresse devant moi quand je pédale les 10 kilomètres qui me séparent de mon lieu de travail. À cette heure, souvent, des rais de lumière traversent les champs de nuages. À l'image de ma foi. J'exerce comme psychologue clinicienne auprès d'enfants et d'adolescents ayant un handicap intellectuel et des troubles du spectre de l'autisme. Je rencontre l'humanité lumineuse en même temps que l'épuisement, le sentiment d'impuissance, la souffrance… Face aux profondes blessures physiques et psychiques, je suis devant le mystère du mal et, parfois, au bord de la révolte. Pourtant, fondamentalement, la grâce qui m'est donnée, c'est d'avoir un fond d'espérance, au-delà de tout espoir. Avec Martin, nous sommes au service du Mouvement chrétien des

© Sandrine Martin

cadres *[NDLR : MCC]* depuis mai 2021 comme responsables nationaux. Nous avons proposé une démarche synodale pour régénérer le mouvement. C'est très riche, mais nous marchons souvent dans le brouillard !

Dans ce quotidien, lire les lectures du jour m'aide à garder le cap. C'est la manne qui me donne espérance et force d'agir, que ce soit pour mon travail ou pour le MCC. Chaque matin, j'éprouve le besoin d'ouvrir, même brièvement, *Prions en Église*. Le format me permet de revenir en arrière ou de partir en avant, de surligner, d'écrire dans la marge… Je m'arrête plus particulièrement sur l'évangile, mais aussi sur le psaume – mon point d'appui pour grandir en confiance et gratitude envers le Seigneur. Ma prière se poursuit donc à vélo, moment privilégié où la Parole fait son chemin en moi, alors que je pédale face au Nivolet. Et quand un rai de lumière perce les nuages, tout là-haut, la croix se laisse voir dans toute sa splendeur. » ■

QUESTION DU MOIS

D'où vient le pèlerinage du Rosaire ?

Chaque 7 octobre, l'Église célèbre la mémoire de Notre-Dame du Rosaire. Cette date remonte à la victoire de Lépante sur les Turcs, en 1571, et la célébration en fut vraiment fixée par Pie X en 1913. Depuis Léon XIII (fin XIXe siècle), le mois d'octobre est le « mois du Rosaire », et le « mois des missions ».

Le « pèlerinage du Rosaire » a été fondé en 1908 par les Dominicains, qui l'organisent encore aujourd'hui et l'animent chaque année à Lourdes, autour du 7 octobre, avec un thème de l'année. Il diffère en cela du pèlerinage des Assomptionnistes (le 15 août, centré sur l'Assomption de la Vierge Marie). Saint Dominique, au début du XIIIe siècle, a répandu la prière du chapelet ou du rosaire initiée par saint Bernard (XIe-XIIe siècles) et prescrit à ses frères de porter un chapelet à leur ceinture. Ce chapelet, composé de cinq dizaines de Je vous salue Marie, sera enrichi de cinq « mystères lumineux » par saint Jean-Paul II (Lettre apostolique *Rosarium Virginis Mariae*, 16 octobre 2002).

Rassemblant de très nombreux pèlerins, ce pèlerinage propose à la fois des enseignements (prédications, conférences, catéchèses), des célébrations, des prières et méditations. Cette année, du 4 au 7 octobre, frère Adrien Candiard est le prédicateur sur le thème « Venez bâtir l'Église ». ■

Michèle Clavier,
théologienne

SEMAINE SAINTE

Vivre ensemble le triduum pascal à Rome

Le triduum pascal est le cœur de l'année pour tous les chrétiens. Vivre les jours saints à Rome est une invitation à célébrer le mystère pascal comme le trésor de l'Église à travers son histoire, des premiers martyrs jusqu'à nous. C'est faire l'expérience de l'universalité du peuple de Dieu dans une communion de prière particulière. À bientôt, dans les pas du Christ serviteur, Messie humilié et triomphant ! ■

Venceslas Deblock, *prêtre du diocèse de Cambrai*

Place Saint-Pierre, Vatican.

PRATIQUE **Du 27 au 31 mars 2024.** Une sélection **"Prions en Église"** et **"Le Pèlerin"** organisée par Routes bibliques.
Renseignements et inscriptions : 01 45 49 07 77 ou www.routesbibliques.fr

Élisabeth Perrin, volontaire de la DCC pour la coopération à Madagascar

Si vous entrez à l'orphelinat Aïna

« Si vous passez le portail de l'orphelinat Aïna, dans le village de Malaza à Madagascar, orné de fleurs flamboyantes, vous entendrez les cris des enfants qui jouent. Ils vous accueilleront tout sourires, en vous adressant des *"manaona"* ("bonjour") et en vous prenant par la main pour vous guider dans leur maison. Si vous participez à l'atelier de lecture le lundi avec les enfants de la rue du centre des sans-abri de Tana, vous prendrez place avec eux assis sur des tapis et ils vous entraîneront dans la joie du jeu et de la découverte. Être avec les enfants les plus fragiles et les plus fracassés par la vie, les enfants les plus pauvres, m'interroge sur mon propre regard de femme de ce monde. Envelopper, accueillir l'enfant comme enfant et non comme un rebut social, se laisser emporter sans avoir peur de la souffrance, de la saleté, de la puanteur, de la violence ou du rejet, me transforme, pas à pas, au cours de cette mission de volontariat. Cette rencontre des plus fragiles m'invite à me renouveler chaque jour davantage, parce que celui que je rencontre et qui est avec moi est celui qui devient important. » ■

EN PARTENARIAT AVEC LA DÉLÉGATION CATHOLIQUE POUR LA COOPÉRATION. HTTP://LADCC.ORG

DCC / E. Perrin

Séance de lecture à l'orphelinat Aïna à Malaza (Madagascar).

TROIS QUESTIONS À...

Propos recueillis par **Anne-Quitterie Jozeau**, journaliste

Les voix de la Bible

Noam Morgensztern, pensionnaire de la Comédie-Française, a enregistré l'intégrale de la Bible dans la traduction éditée par Bayard. Le livre audio sort le 3 octobre. Le comédien nous raconte la genèse de ce projet.

Pourquoi avez-vous décidé de vous lancer dans ce projet fou ?

Je dois avouer que c'était un défi, et ceci à tous les niveaux. En 2020, tout tournait au ralenti à cause du Covid. Il se trouve qu'à cette période-là, la Bible m'intéressait, comme tout autre texte emblématique et fondateur qui construit nos attitudes. Je me suis donc penché sur le sujet en m'emparant de la Bible éditée par Bayard *[NDLR : éditeur de Prions en Église]*. La manière d'avoir ces textes dans la bouche et dans la langue m'intéressait. Il y a eu une rencontre : en le parcourant, le texte était au présent pour moi. Je me voyais le clamer devant un public. J'ai alors contacté Frédéric Boyer *[NDLR : qui a dirigé chez Bayard la nouvelle traduction de la Bible]*. Au fil du projet, il est devenu mon troisième œil et mon comparse. J'ai décidé d'interpréter seul, dans une boîte de nuit désaffectée, cette traduction de la Bible, pendant dix-huit mois, soit exactement quatre-vingt-treize heures pleines et entières.

Noam Morgensztern lors d'une séance d'enregistrement.

Comment cela s'est-il passé ?

J'ai lu la Bible pendant un an, sans en comprendre totalement le contenu. Avant de me lancer dans l'enregistrement, je n'avais parcouru que les notes à la fin de l'édition de Bayard. Je découvrais le texte en le jouant. Chaque fois, je me demandais : qui parle à qui ? Quel est l'effet désiré lors de la retranscription ? Quel auditeur est face à Jésus, par exemple ? Des enfants, la prostituée, des personnes réfractaires, esseulées ? Étant tout seul, j'ai dû jouer tout le monde. Je devais tout miser sur le côté artisanal. Dans un environnement pauvre, la seule richesse était ma voix. N'ayant pas grand-chose à part elle, je devais en dégager une certaine puissance. Pour faire du bruit, j'avais, par exemple, apporté des chaussures bruyantes. J'ai dû aussi créer un décor avec très peu : un univers minéral ou désertique. Heureusement que j'avais mes mains et mes pieds !

Avez-vous été transformé par ces 93 heures d'enregistrement ?

Je dois dire que je me suis fait **...**

… avoir par le texte que je découvrais au fur et à mesure de l'enregistrement. Un choix personnel, car je ne voulais pas reprendre mais, au contraire, assumer ce que je venais de prononcer et la manière dont je l'avais fait. Cela correspondait à un marathon de sentiments, tel un homme qui a traversé la Bible sans avoir le choix, plus déterminé que jamais. Je voulais que le texte me guide et non l'inverse. Je suis heureux, maintenant, de savoir ce que contient la Bible. Durant ces longues heures de travail, j'ai particulièrement découvert Jésus. Je le connaissais comme un martyr silencieux, qui a mal et à qui on fait mal, et aussi par des paroles rapportées, gravées dans le marbre. Là, il a fallu le rendre crédible. Qu'en disant ses paroles, je sorte du marbre. Qu'il devienne une personne, et non une figure. J'ai aussi dû interpréter Dieu, le jouer et non simplement le citer. J'ai été main dans la main avec lui pendant plus d'un an !

À découvrir dans l'appli « Prions en Église »

À partir du 4 octobre, le podcast *La Bible à l'oreille* vous fera découvrir le livre de Job interprété par Noam Morgensztern dans l'application *Prions en Église*. Chaque épisode comprend un extrait du livre, accompagné d'une lecture suivie par le père Sylvain Gasser. De Job, Noam Morgensztern retient « sa mélancolie face à l'impossible retour en arrière. Job ne retrouve pas ce qu'il a perdu, il récupère trop et, de cette situation, découle une certaine mélancolie ».

BON DE COMMANDE *Cléophas*

Bon de commande : À compléter/renvoyer accompagné de votre règlement sous enveloppe affranchie à : ***Prions en Église* – TSA 70014 - 93539 Aubervilliers CEDEX.**

Article	Référence	Prix unitaire	Quantité	Prix total
***Cléophas* missel 2024**	FKL1305	**10,50 €**		€
Frais de port : ma commande est inférieure à 49 €, la livraison est à **5,90 €** **Ma commande est supérieure 49 € d'achat, la livraison est à 1,00 €**				€
		Montant total		€

COORDONNÉES ☐ Madame ☐ Monsieur Merci d'écrire en lettres CAPITALES B172722

Prénom Nom

Complément d'adresse (résid./Esc./Bât.)

N° et voie (rue/Av./Bd...)

Indiquez précisément le n° de voie et le libellé de voie pour une meilleure garantie de l'acheminement de votre abonnement

Code postal Ville

Date de naissance J J M M A A A A Téléphone

E-mail @ .

Pour recevoir, conformément à la loi, la confirmation de votre abonnement et correspondre avec vous par courriel

Je règle par ☐ Chèque payable en France à l'ordre de *Bayard* ☐ Carte bancaire n°

3 derniers chiffres au dos de votre carte Date et signature

Date d'expiration J J M M A A A A

En librairie | Par tél. au **01 74 31 15 09** Appel non surtaxé • Code offre B172722 | Sur **librairie-bayard.com/cleophas-2024**

Offre valable en France métropolitaine jusqu'au 31/12/2023. Ces informations sont destinées au groupe Bayard. Elles sont enregistrées dans notre fichier à des fins de traitement de votre commande. Conformément à la loi *Informatique et libertés* du 06/01/1978 modifié et au RGPD du 27/04/2016, elles peuvent donner lieu à l'exercice du droit d'accès, de rectification, d'effacement, d'opposition, à la portabilité des données et à la limitation des traitements ainsi qu'à connaître le sort des données après la mort. Votre adresse mail sera utilisée pour vous envoyer les newsletters que vous avez demandées ou dont vous bénéficiez en tant que client. Vos coordonnées postales et téléphoniques pourront être utilisées à des fins de prospection commerciale par Bayard. Votre nom associé à vos coordonnées postales et téléphoniques sont susceptibles d'être transmises à nos partenaires (éditeurs, associations, vente par correspondance...). Vous pouvez vous opposer à la prospection commerciale en vous connectant à https://www.groupebayard.com/fr/contact ou en envoyant votre demande à : Bayard (CNIL), TSA 10065, 59714 Lille CEDEX 9, France. Pour plus d'informations, nous vous renvoyons aux dispositions de notre Politique de confidentialité sur le site groupebayard.com. Nous vous informons de l'existence de la liste d'opposition au démarchage téléphonique « Bloctel », sur laquelle vous pouvez vous inscrire ici : https://www.bloctel.gouv.fr

Informations communiquées sous réserve de modifications. Renseignez-vous avant de vous rendre aux endroits indiqués.

LE JOUR DU SEIGNEUR – FRANCE 2 (11 heures)

1er/10 Église Saint-Remi, Profondeville (Belgique).
Prédicateur : *information non confirmée.*

8/10 Sanctuaire Notre-Dame de Quézac, Quézac (15).
Prédicateur : Mgr Didier Noblot, évêque de Saint-Flour.

15/10 Église Sainte-Anne, Goyave (Guadeloupe).
Prédicateur : Mgr Philippe Guiougou, évêque de Basse-Terre.

22/10 Chapelle du monastère Sainte-Catherine-de-Sienne, Langeac (43).
Prédicateur : Frère Franck Dubois, dominicain.

29/10 Chapelle Notre-Dame-de-Heigne, Jumet (Belgique).
Prédicateur : Frère Didier Croonenberghs, dominicain.

FRANCE CULTURE (10 heures)

1er/10 Chapelle Notre-Dame de la Médaille miraculeuse, Paris (VIIe).
Prédicateur : Fr. Gabriel Nissim, dominicain.

8/10 Chapelle Notre-Dame de la Médaille miraculeuse, Paris (VIIe).
Prédicateur : P. Emmanuel Coquet.

15/10 Chapelle Notre-Dame de la Médaille miraculeuse, Paris (VIIe).
Prédicateur : P. Bertrand Bousquet.

22/10 Chapelle Notre-Dame de la Médaille miraculeuse, Paris (VIIe).
Prédicateur : P. Guillaume de Menthière.

29/10 Paroisse Bienheureux-Noël-Pinot, Candé (49).
Prédicateur : P. Kevin Emmanuel Labbé.

LIVRES

LA SÉLECTION DE PANORAMA

Prier 15 jours avec Antoine de Saint-Exupéry

S. Rougier et B. Guibert, Nouvelle Cité, 118 p.

« Saint-Ex, aviateur et prophète », c'est ainsi que le coauteur Stan Rougier présente l'écrivain pilote. Convoquant de grandes plumes – de Lamartine à la petite Thérèse, en passant par Jean Ferrat –, les auteurs proposent des méditations sur des thèmes chers à Saint-Exupéry : le silence, l'inquiétude face au matérialisme, la prière… Original ! ■ **M.-C. Vidal**

Prières pour être consolé

B. de Saint-Germain, Mame, 160 p.

Dans cet ouvrage, Bénédicte de Saint-Germain donne des clés de réconfort à toute personne qui souffre. Pour être consolé de la tristesse, du deuil ou encore du sentiment d'abandon, la journaliste propose un processus avec des prières issues de la Bible – Isaïe, saint Jean – ou d'auteurs plus contemporains : Philippe Pozzo di Borgo, le pape François, Jean-Paul II, Thérèse de Lisieux…

La Bible

6e édition, Bayard, 1 680 p.

Cette sixième édition de la Bible publiée par Bayard, orchestrée par Frédéric Boyer et coécrite par des écrivains contemporains et des exégètes, sort le 4 octobre en librairie et sur les sites marchands. Cette traduction de la Bible actualise les Écritures avec un langage « littéraire ». À ce projet est liée la parution de la *Bible audio* : une interprétation orale inédite, réalisée par Noam Morgensztern de la Comédie-Française (lire p. 276). ■

Anne-Quitterie Jozeau

EXPOSITION

Pietà, Daniel Gloria, gouache sur papier, 1955.

Daniel Gloria

Le musée d'art sacré du Hiéron expose un très bel ensemble de dessins au sujet religieux du travail de Daniel Gloria (1908-1989), disciple du peintre cubiste Albert Gleizes, précédemment exposé au musée. D'abord peintre naturaliste, Gloria change de démarche artistique en utilisant des aplats colorés contrastés pour se diriger vers l'abstraction. Les œuvres religieuses qu'il réalise à partir des années 1950 présentent des compositions géométrisées au sujet néanmoins compréhensible grâce aux « allusions figurées ». À partir des années soixante, il s'intéressera particulièrement à la mosaïque. ■

Hélène Roquejoffre, ***Le Monde de La Bible***

Jusqu'au 7 janvier 2024 – Musée du Hiéron – 132, rue de la Paix
71600 Paray-le-Monial – www.musee-hieron.fr

Crédit : J.-P. Gobillot

NOS ACTUS

Ma prière du jour avec les saints et l'Évangile

Prions en Église vous accompagne en 2024 pour prier tout au long de cette année de la prière, décrétée par le pape François. 366 prières inédites pour vous nourrir chaque jour de la parole de Dieu et prier avec les saints qui ont marqué notre foi. Voici un beau cadeau à offrir dès maintenant ou à Noël. ■

Amandine Boivin

Disponible au prix de 16,90 € en librairie et sur : librairie-bayard.com/ephemeride-priere-2024

CD

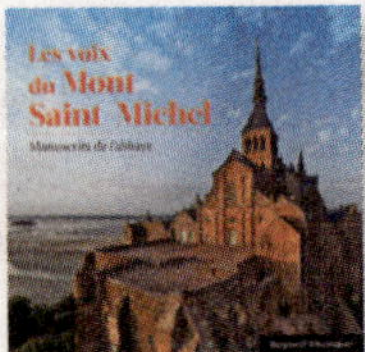

Les voix du Mont-Saint-Michel

Manuscrits de l'abbaye
Schola Collegium Normannorum,
Bayard Musique

À l'occasion du millénaire de l'église abbatiale, un enregistrement qui témoigne de la diversité du répertoire grégorien chanté au Mont-Saint-Michel au fil des siècles. Des pièces tirées des manuscrits de l'abbaye conservés aujourd'hui à la bibliothèque d'Avranches.

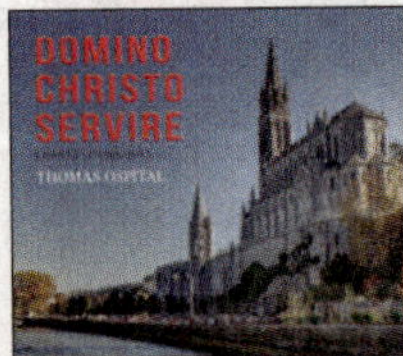

Domino Christo Servire

Chants liturgiques
Thomas Ospital
ADF Musique

Cet album comprend six chants liturgiques de Thomas Ospital : quatre écrits cette année pour le Pèlerinage national ainsi qu'un Je vous salue Marie et un Notre Père. L'ensemble est complété par un nouvel enregistrement de la *Messe de la Résurrection.* ■

Dominique Pierre

NUMÉRIQUE

Pour nos défunts

Depuis plusieurs années *Prions en Église* associé au sanctuaire Notre-Dame Libératrice de Montligeon propose de prier et réfléchir à la fin de vie et à la sainteté à l'occasion de la Toussaint et du 2 novembre, jour de prière pour les défunts. Durant 9 jours, du mercredi 25 octobre au jeudi 2 novembre participez à notre neuvaine : *Maintenant et à l'heure de notre mort* sur l'appli *Prions en Église.* ■

Sébastien Antoni

Disponible sur App Store
et Google Play

Informations communiquées sous réserve de modifications.

Festival Via Aeterna 2023

FESTIVAL

Du jeudi 5 au dimanche 15, le festival de musique du Mont-Saint-Michel et sa baie fera de nouveau vibrer les vieilles pierres du patrimoine miquelot. Au programme de cette année, près de 200 artistes pour 27 concerts dans douze communes autour du Mont. Dans le cadre du festival, *Prions en Église* propose une traversée spirituelle et musicale de la baie. ■

www.via-aeterna.com

Grand Nord-Ouest

AMBOISE (37)

DIMANCHE 1ER ET DIMANCHE 22

Concerts

Pour clôturer le festival d'orgues d'Amboise, deux concerts à 16 heures à l'église collégiale Saint-Denis : dimanche 1er, Thierry Escaich, titulaire des orgues de St-Étienne-du-Mont (Paris Ve) et dimanche 22, Pierre de Kergommeaux, titulaire des orgues de la collégiale Saint-Denis.

diocesedetours.catholique.fr

LISIEUX (14)

DU VENDREDI 20 AU DIMANCHE 22

Week-end spirituel

« L'Évangile m'apprend… et mon cœur me révèle », animé par les chapelains du sanctuaire Sainte-Thérèse de Lisieux au foyer Louis-et-Zélie Martin.

02 31 48 55 10

reservation@therese-de-lisieux.com

therese-de-lisieux.catholique.fr

Grand Nord-Est

DIJON (21)

MARDI 3

Retraite d'un jour

Les pères de l'Oratoire à Dijon entament, avec cette retraite « "Nous sommes citoyens des cieux " (Ph 3, 20) Vers quoi allons-nous ? », le programme 2023/2024 sur les fins dernières.

03 80 38 18 85 ou 06 21 55 64 18

mp.barnay@gmail.com

oratoire-dijon.fr •••

… CLERMONT-FERRAND (63)

JUSQU'AU DIMANCHE 15

Exposition

À l'occasion des 400 ans de la naissance de Blaise Pascal, Clermont-Ferrand le met à l'honneur avec une exposition « Les mystères de Pascal », au musée d'art Roger-Quilliot (MARQ). Les travaux religieux de ce théologien et écrivain comme ses *Pensées* y sont abordés.

04 43 76 25 25

accueil.marq@clermontmetropole.eu

JOIGNY (89)

SAMEDI 14 ET DIMANCHE 15

Itinéraire spirituel

Le Centre Sophie-Barat organise un itinéraire spirituel sur le thème de la vigne dans la Bible et du travail du vigneron. Balade dans les vignobles, dégustation, prière, récolte des bons fruits de nos vies.

03 86 92 16 40

centre-sophie-barat@rscj.com

centre-sophie-barat.com

Grand Sud-Ouest

URT (64)

DU MARDI 31 AU DIMANCHE 5 NOVEMBRE

Atelier d'orientation

« Auteur de sa vie – Acteur dans le monde », Cinq jours à l'abbaye d'Urt pour prendre du recul, se ressourcer, définir un projet de vie aligné avec soi-même et les besoins du monde, quel que soit son âge.

06 87 09 71 84

contact@trefle-aventure.com

www.trefle-aventure.com

SAINT-VINCENT-DE-PAUL (40)

JEUDI 21

Session

« Avec saint Luc, vivre la parabole du Bon Samaritain », pour les personnes œuvrant dans la pastorale de la santé ou travaillant dans le monde de la santé. De 9 h 30 à 16 h 30 au Berceau-de-Saint-Vincent-de-Paul.

07 67 20 43 23

o.dobersecq@free.fr

diocese40.fr

Grand Sud-Est

BLAUVAC (84)

DU LUNDI 16 AU MERCREDI 25

Retraite en silence

La retraite « Revivre par le jeûne »

à l'abbaye Notre-Dame-du-Bon-Secours propose de vivre l'expérience du jeûne et du désert. Animée par les membres de la famille spirituelle Charles-de-Foucauld. S'adresse à des personnes en bonne santé physique.
06 76 84 76 18
dbuthion73@gmail.com
fraternite-seculiere-charlesdefoucauld.cef.fr

PAULHENC (15)
DU DIMANCHE 22 AU SAMEDI 28
Retraite
Le Centre spirituel La Pomarède propose une retraite sur le thème « Vie et joie à vous qui cherchez Dieu ! ».
04 71 23 61 61
lapomarede@nordnet.fr
la-pomarede.net

•••

ZOOM

Au Rosaire, une école de prière avec « Prions en Église »

Le Pèlerinage du Rosaire 2023 a lieu du mercredi 4 au samedi 7 octobre. Le plus grand pèlerinage d'automne de Lourdes est animé par la famille dominicaine depuis 115 ans. Cette année, il a pour thème : « Venez bâtir l'Église ! » Il est prêché par le frère Adrien Candiard, prieur du couvent des dominicains du Caire. Parmi les nombreuses propositions offertes aux 13 000 personnes attendues, les pèlerins peuvent suivre une école de prière, animée par les Équipes du Rosaire, et à laquelle *Prions en Église* s'associe. « Les Équipes du Rosaire et *Prions en Église* sont, chacun à leur manière, au service d'une écoute renouvelée de la parole de Dieu », rappelle François-Dominique Forquin, dominicain, aumônier national des Équipes du Rosaire. « Un feuillet a été réalisé pour aider les pèlerins à prier dans l'esprit de notre mouvement fondé en 1955 par le père Joseph Eyquem, dominicain, inspiré de la bienheureuse Pauline-Marie Jaricot. Nous attendons de nombreux pèlerins », se réjouit le prêtre. ■

Sébastien Antoni

… LA SALETTE-FALLAVAUX (38)

DU VENDREDI 27 AU MARDI 31

Festival de cinéma

La 13e édition du Festival cinéma et réconciliation au sanctuaire de La Salette a pour thème cette année : « À la rencontre de l'autre… »

cinemalasalette@gmail.com
www.cinemalasalette.fr

Île-de-France

PARIS (XVE)

DU VENDREDI 6 AU DIMANCHE 8

Université européenne Assomptionniste

La famille de l'Assomption se réunit cette année sur le thème de l'interculturalité au 57 rue Violet chez les Petites Sœurs de l'Assomption. L'université est accessible en ligne.

06 79 78 95 34
uea.contact@gmail.com
uea-assomption.org

SAINT-DENIS (93)

DIMANCHE 8

Événement sportif

En la fête de saint Denis, le diocèse Saint-Denis-en-France entame officiellement l'année « Sport et foi » en vue des Jeux olympiques 2024 avec une course de 10 km au départ de Montmartre et jusqu'à la basilique Saint-Denis. Une messe solennelle est prévue à la basilique à 16 h 30.

01 48 47 91 35
saint-denis.catholique.fr

SAINT-MAUR (94)

DIMANCHE 8

Journée diocésaine

Le diocèse de Créteil et l'antenne des Semaines sociales de France (SSF) invitent à une grande journée sur le thème : « Le numérique dans nos vies ? Parlons-en ! ». Au Lycée Teilhard-de-Chardin avec Mgr Blanchet.

01 45 17 24 00
catholiques-val-de-marne.cef.fr

ENVOYEZ VOS RENDEZ-VOUS À L'AGENDA DE PRIONS EN ÉGLISE : Merci d'envoyer les informations nécessaires 3 mois avant l'événement, sans engagement de publication par la rédaction, à : *Prions en Église*, Agenda, 18 rue Barbès, 92120 Montrouge, ou par e-mail : *prionseneglise@groupebayard.com*

PrionsenÉglise 18, rue Barbès,
www.prionseneglise.fr 92128 Montrouge Cedex.

▶ **POUR CONTACTER LE SERVICE CLIENT : 01 74 31 15 01** – service.client@groupebayard.com
(Préciser : nom + adresse postale + « concerne Prions en Église ».)
▶ **POUR VOUS ABONNER : 01 74 31 15 01** – www.librairie-bayard.com
Bayard, Prions en Église, TSA 60007, 59714 Lille Cedex 9
▶ **POUR CONTACTER LA RÉDACTION : 01 74 31 63 24** – prionseneglise@groupebayard.com

Directeur de la publication : Pascal Ruffenach. Directeur du secteur et directeur des rédactions : Jean-Pierre Denis. Rédaction : Karem Bustica (rédactrice en chef), Pomme Mignon (rédactrice en chef adjointe visuel, directrice artistique), Frédéric Pascal (rédacteur en chef adjoint), Armelle Gabriel (assistante), Nicolas Crouzier (secrétaire général de la rédaction), Jean-Baptiste Deau (1er secrétaire de rédaction), Véronique Jollé (secrétaire de rédaction), Laurent Sangpo, Pascal Redoutey (rédacteurs graphistes), Ania Biszewska (rédactrice photo), Sébastien Antoni (chef de grande rubrique), Anne-Quitterie Jozeau (rédactrice), Agnès Thépot (relations lecteurs). A participé : Thibault Van Den Driessche. Marketing éditeur et développement : Anne-Claire Marion (directrice), Amandine Boivin (responsable marketing). Marketing diffusion et abonnement : Aurore Bertrand (directrice), Sandrine Dos Santos (chef de marché). Direction des terrains catholiques : Cédric Bloquet (directeur). Voyages lecteurs : Corinne Miguel. Contrôle de gestion : Tonnumy Ai. Fabrication : Grégory Cervantes. Impression : Maury SAS, Z.I. Route d'Étampes, 45330 Malesherbes. Textes liturgiques : © AELF. Chants : © Éditeurs. © Bayard et Novalis. Reproduction interdite sans autorisation. *Prions en Église* est édité par Bayard, société anonyme à Directoire et Conseil de Surveillance au capital de 16 500 000 €. Actionnaires : Augustins de l'Assomption (93,7 % du capital), SA Saint-Loup, Association Notre-Dame de Salut. Directoire : Pascal Ruffenach (président), André Antoni, Florence Guémy et Jean-Marie Montel (directeurs généraux). Président du Conseil de Surveillance : Hubert Chicou. Dépot légal à parution. CPPAP : 0425K86471 - ISSN : 0383-8285. Belgique et Luxembourg : Bayard Presse Bénélux, Da Vincilaan, 1 – 1930 Zaventem. Tél. : 0800 250 38 (de Belgique, gratuit) ou 800 29 195 (du Luxembourg). Web marché chrétien : librairie-bayard.com. Suisse : Asendia Press Edigroup SA, Chemin du Château-Bloch 10, 1219 Le Lignon. Tél. : 00 41 22 860 84 02. Mail : abobayard@edigroup.ch

***Ce numéro comporte :** Sur la totalité de la diffusion : encart broché "Prions en Église" autopromo ; encart posé "La Croix" Collectes – 2 SG 23/24 ; encart posé "Prions en Église" Éphéméride "Ma prière 2024" ; encart posé "Prions en Église Junior" ; encart jeté "Prions en Église" autopromo. Sur une partie de la diffusion : relance posée "Prions en Église" offre d'abonnement.*

PEFC 10-31-1282 Certifié PEFC Ce produit est issu de forêts gérées durablement et de sources contrôlées. pefc-france.org

IMPRIM'VERT Votre imprimeur agit pour l'environnement

***Prions en Église* agit pour l'environnement**
PETIT FORMAT Origine du papier : Suède. Taux de fibres recyclées : 0 %. Origine des fibres : papier issu de forêts gérées durablement. Impact sur l'eau : Ptot 0,007 kg/T.
GRAND FORMAT Origine du papier : Suède. Taux de fibres recyclées : 0 %. Origine des fibres : papier issu de forêts gérées durablement. Impact sur l'eau : Ptot 0,003 kg/T

FR

Bulletin d'abonnement

GRELHS0118

☐ OUI, je m'abonne à *Prions en Église*

ÉDITION POCHE (13 x 11,9 cm) - PRI

- ☐ **1 an** (12 n^os^) .... **45 €**
- ☐ **2 ans** (24 n^os^) .... **80 €**
- ☐ **Étudiant** 1 an .... **29,95 €***

ÉDITION GRAND FORMAT (16 x 14,6 cm) - PRI

- ☐ **1 an** (12 n^os^) .... **52 €**
- ☐ **2 ans** (24 n^os^) .... **90 €**

+ EN CADEAU : **le hors-série** ***Noël 2023***

PAR COURRIER Renvoyez ce bulletin accompagné de votre chèque payable en France libellé à l'ordre de « Bayard » à l'adresse suivante : **Bayard - TSA 40020 - 93539 Aubervilliers CEDEX**

PAR INTERNET sur librairie-bayard.com/abopri

COORDONNÉES ☐ Mme ☐ M. Prénom

Nom A177274

Complément d'adresse (résid./Esc./Bât.)

N° et voie (rue/Av./Bd...)

Code postal Ville

Pays Date de naissance J J M M A A A A

Tél. E-mail

Pour recevoir la confirmation de votre abonnement et notre newsletter du jeudi

RENSEIGNEMENTS POUR LES ABONNEMENTS HORS FRANCE MÉTROPOLITAINE

		DOM-TOM & UE	AUTRES PAYS	BELGIQUE	SUISSE
Téléphone		(33) 174 311 501		0800/250 38**	(022) 860 84 02
POCHE	1 an	48 €	54 €	Renseignez-vous sur les tarifs et abonnez-vous par téléphone	
	2 ans	86 €	98 €		
GRAND FORMAT	1 an	55 €	61 €		
	2 ans	96 €	108 €		

*Uniquement en France métropolitaine. Cette offre ne contient pas de cadeau. Joindre une photocopie de la carte d'étudiant.

**Appel gratuit

Offre valable jusqu'au 30/11/2023 pour tout 1er abonnement. Si vous vous abonnez au-delà du 28/11/23, alors vous recevrez le hors-série *Pâques 2024*. Visuels non contractuels. Bayard s'engage à la réception du 1er numéro dans un délai de 4 semaines au maximum après enregistrement du règlement. À l'exception des produits numériques ou d'offre de service, vous disposez d'un délai de 14 jours à compter de la réception du 1er numéro de votre magazine pour exercer votre droit de rétractation en notifiant clairement votre décision à notre service client. Vous pouvez également utiliser le modèle de formulaire de rétractation accessible dans nos CGV. Nous vous rembourserons dans les conditions prévues dans nos CGV sur : https://librairie-bayard.com/cgv. Ces informations sont destinées au groupe Bayard, auquel *Prions en Église* appartient. Elles sont enregistrées dans notre fichier à des fins de traitement de votre abonnement. Conformément à la loi « Informatique et Libertés » du 06/01/1978 modifiée et au RGPD du 27/04/2016, elles peuvent donner lieu à l'exercice du droit d'accès, de rectification, d'effacement, d'opposition, à la portabilité des données et à la limitation des traitements ainsi qu'à connaître le sort des données après la mort. Votre adresse mail sera utilisée pour vous envoyer les newsletters que vous avez demandées ou dont vous bénéficiez en tant que client. Vos coordonnées postales et téléphoniques pourront être utilisées à des fins de prospection commerciale par Bayard. Votre nom associé à vos coordonnées postales et téléphoniques sont susceptibles d'être transmises à nos partenaires (éditeurs, associations, VPC...). Vous pouvez vous opposer à la prospection commerciale en vous connectant à https://www.groupebayard.com/fr/contact ou en envoyant votre demande à : Bayard (CNIL), TSA 10065, 59714 Lille CEDEX 9. Pour plus d'informations, nous vous renvoyons aux dispositions de notre Politique de confidentialité sur le site groupebayard.com. Nous vous informons de l'existence de la liste d'opposition au démarchage téléphonique « Bloctel », sur laquelle vous pouvez vous inscrire ici : https://www.bloctel.gouv.fr